K

Elfriede Ott

KATZE, was schnurrst du

Erlebte und
gesammelte
Geschichten
und Anekdoten

Mit 80 Abbildungen,
davon 30 Aquarelle und
Zeichnungen der Autorin

AMALTHEA

Bildnachweis:

Alle Fotos, Zeichnungen und Aquarelle von Elfriede Ott;
Foto Marlen Haushofer (S. 20) © Sybille Haushofer;
Foto Elfriede Ott (S. 25) © Mihaela Stipic.
Wir danken Volker Reuschenbach, Nettetal, für die historischen
Ansichtskarten auf den Seiten 14, 35, 36, 45, 47, 51, 55, 71 und 107,
die er freundlicherweise zur Verfügung gestellt hat.

Der Verlag hat alle Rechte abgeklärt. Konnten in einzelnen Fällen
die Rechteinhaber der reproduzierten Bilder nicht ausfindig gemacht werden,
bitten wir Sie, dem Verlag bestehende Ansprüche zu melden.

Besuchen Sie uns im Internet unter:
www.amalthea.at

© 2014 by Amalthea Signum Verlag, Wien
Alle Rechte vorbehalten
Umschlaggestaltung: Silvia Wahrstätter, vielseitig.co.at
Umschlagabbildungen: Elfriede Ott © Daniel Gebhart de Koekkoek;
Katzen © CanstockPhoto/Bokicai
Herstellung und Satz: VerlagsService Dr. Helmut Neuberger
& Karl Schaumann GmbH, Heimstetten
Gesetzt aus der 12/15 Punkt Adobe Garamond Pro
Printed in the EU
ISBN 978-3-85002-871-4

Die von der Autorin für dieses Buch
gesammelten Geschichten und Anekdoten

Katzen, diese Wesen, *haben die un-menschliche Geduld der Erde;* da ist ein Jahr, was für den Menschen nur eine Sekunde.

Christian Morgenstern

UNHEIMLICH. Was ist das in der Dunkelheit? Zwei Sterne, die die Erde besuchen?

Plötzlich weg. Jetzt dort, jetzt da.

Natürlich beobachtet uns ein Wesen, dessen Augen die Fähigkeit haben, zu leuchten.

Ein Fuchs? Vielleicht ein Reh? Ein Hund? Eine Eule? Ein Drache? Ein Zwerg? Eine Elfe? Eine Schlange? Ein Wolf? Ein Löwe? Ein Tiger? … In den Weinbergen vom Wienerwald?

Nein! Natürlich eine Katze. Es ist der Peter vom Haus auf dem Hügel. Dort wohnen einige Katzen, aber die sind nicht so schwarz in der Nacht. Eine schwarze Katze! Sie hat etwas Unheimliches.

Unlängst auf dem Friedhof. Eine Bank in der Sonne neben dem Grab meiner Mutter. Ich bin müde. Nicht nur körperlich.

Friedhof – Sonne: Plötzlich etwas bei meinen Füßen. Etwas zum Erschrecken.

Eine kleine schwarze Katze. Sie legt sich wohltuend auf meinen Bauch. Ein Sprung zu meinem Gesicht. Bei den Ohren macht sie es sich gemütlich. Totale Ruhe. Warmes Schnurren in der Wärme. Bitte rühr dich nicht weg. Du tust mir so gut. Bleib bei mir. Immer. Du wirst es gut haben. Kaum gedacht, husch ist sie weg. Warum kann ich sie nicht halten?

Es stimmt, wenn sie sagen, das ist halt so mit dem Glück.

Das ist halt so mit dem Glück. Es kommt nur in den Märchen vor!

Ich sitze auf der Bank und dichte ein Märchen:

Man sagt mir, ich heiße Mutzi. Ich bin soeben herausgekrochen aus meiner Mama, in die sogenannte Welt. Ich weiß zwar nicht, was das ist, aber meine Mami gibt mir etwas Gutes zu trinken und so spüre ich, dass ich schon viel größer bin. Ich bin sicher schon zehn Zentimeter groß. Eines Tages kann ich meine Augen öffnen. Ich will mir diese Welt anschauen. Ich schlüpfe zur Haustüre und schau in den Garten. Da wachsen ja Gänseblümchen, die sind schon so groß wie ich. Am Gartenzaun ist ein kleines Loch. Ein Schritt und ich bin draußen.

Ich schleiche am Gartenzaun entlang und bin auf dem, das sie Straße nennen. Aus einem Haus erklingen Töne, die sie Musik nennen. Im Takt spaziere ich die Straße entlang. Die führt plötzlich auf einen Berg hinauf. Sehr hoch, aber ich muss mich gar nicht anstrengen. Ich bin schon oben. Von dieser Bergspitze sehe ich weit, weit ins Land. Sie sagen,

das wäre Österreich, ein riesiges Land. Aber wo wieder hinunter? Das habe ich vergessen. Ich kann nicht mehr zurück. Also dann irgendwo halt.

Als ich wieder unten bin, verspüre ich schrecklichen Hunger. Aber da werde ich von Leuten weggejagt. Warum? Ich bin doch nur eine kleine Katze.

Plötzlich kommt aus einem der Häuser eine Frau heraus. Sie schaut mich an mit gütigen Augen, breitet die Hände aus und sagt zu mir: »Komm, du kleine Katze. Bei mir sollst du es gut haben.«

Und so war es auch. Ich blieb bei ihr. Es ging mir so gut wie dann auch in meinem ganzen Leben.

Plötzlich hörte ich, wie sie in einen Apparat hineinsprach: »Ja, sie ist hier bei mir.« Da verkroch ich mich in den letzten Winkel.

Es kamen fremde Leute, fanden mich und nahmen mich mit. Ich fürchtete mich und schrie. Doch dort, wo sie mich absetzten, kam mir alles so bekannt vor. Ja, meine Mama kam mir entgegen und schnurrte mich an. Da schnurrte ich zurück.

Plötzlich waren um mich viele kleine Katzenkinder, meine Geschwister. Ich forderte sie alle auf, mit mir zu kommen. Ich fand den Weg zurück. Und als die Frau aus dem Haus kam, schlug sie die Hände über dem Kopf zusammen und rief: »Ihr dürft alle bei mir bleiben, wenn ihr auch so viele werdet, wie Herr Theodor Storm geschrieben hat.«

Wir lebten alle glücklich und zufrieden bei der Frau mit den gütigen Augen.

Und wenn wir nicht gestorben sind, dann leben wir noch heute.

Meine Gedanken gehen zu Theodor Storm, zu seinen »Maikätzchen«:

Von Katzen

Vergangnen Maitag brachte meine Katze
Zur Welt sechs allerliebste Kätzchen,
Maikätzchen, alle weiß mit schwarzen Schwänzchen.
Fürwahr, es war ein zierlich Wochenbettchen!
Die Köchin aber – Köchinnen sind grausam,
Und Menschlichkeit wächst nicht in einer Küche –
Die wollte von den Sechsen fünf ertränken,
Fünf weiße, schwarzgeschwänzte Maienkätzchen
Ermorden wollte dies verruchte Weib.
Ich half ihr heim! – Der Himmel segne
Mir meine Menschlichkeit! Die lieben Kätzchen,
Sie wuchsen auf und schritten binnen Kurzem
Erhobnen Schwanzes über Hof und Herd;
Ja, wie die Köchin auch ingrimmig dreinsah,
Sie wuchsen auf, und nachts vor ihrem Fenster
Probierten sie die allerliebsten Stimmchen.
Ich aber, wie ich sie so wachsen sahe,
Ich pries mich selbst und meine Menschlichkeit. –
Ein Jahr ist um, und Katzen sind die Kätzchen,
Und Maitag ist's! – Wie soll ich es beschreiben,
Das Schauspiel, das sich jetzt vor mir entfaltet!
Mein ganzes Haus, vom Keller bis zum Giebel,

Ein jeder Winkel ist ein Wochenbettchen!
Hier liegt das eine, dort das andre Kätzchen,
In Schränken, Körben, unter Tisch und Treppen,
Die Alte gar – nein, es ist unaussprechlich,
Liegt in der Köchin jungfräulichem Bette!
Und jede, jede von den sieben Katzen
Hat sieben, denkt euch! sieben junge Kätzchen,
Maikätzchen, alle weiß mit schwarzen Schwänzchen.
Die Köchin rast, ich kann der blinden Wut
Nicht Schranken setzen dieses Frauenzimmers;
Ersäufen will sie alle neunundvierzig!
Mir selber, ach, mir läuft der Kopf davon –
O Menschlichkeit, wie soll ich dich bewahren!
Was fang ich an mit sechsundfünfzig Katzen! –

ICH HATTE EINMAL ein Vortragsprogramm über Katzen. Dadurch hatte ich ein Katzenpublikum.

Es waren andere Menschen als sonst, lauter Katzenbesitzer. Sie strahlen etwas aus, das ungewöhnlich ist. Sie schauen ihren Katzen direkt ein bissl ähnlich. So wie ich meinem Hund.

Wir haben ähnliche Bedürfnisse. Eine Gedankenwelt. Wir erraten gegenseitig unsere Gedanken. Wir hatten jahrelang eine Nebelkrähe in unserer Familie. Ich beobachtete sie einmal, wie sie im Nachbargarten Hand in Hand mit unserem Kater spazieren gegangen ist.

Jemand, der kein Tier besitzt, kann die Beziehung Mensch – Tier und auch die Beziehung von Tieren zueinander nicht verstehen.

Ich weiß nicht warum – wahrscheinlich, weil ich immer Hunde hatte, die mir so nahe waren –, aber ich war überzeugt: ich bin ein Hundemensch. Fast mein Leben lang. Meine Philosophie war der des Hundes immer näher. Ich weiß, was mein Hund denkt, was er gerne möchte, warum er traurig ist. Es ist mir auch sehr unangenehm, wenn mein Hund zu den »Mode-Hunden« gehört.

Am Anfang war ich auch überzeugt, das Leben geht nicht mehr weiter, als ich meinen Dackel verloren habe. Diese Nähe zu einem Tier könnte es nicht mehr geben. Wie ich mich da geirrt habe!

Mein kleiner schwarzer Pudel Muserl. Ein Wunderhund. Ich war, um ein Beispiel zu nennen, mit meinen Vortragsprogrammen auf immer anderen Bühnen, in anderen Städten unterwegs. Erik Werba war mein Begleiter am Klavier. Ich trat mit Muserl im Arm auf, verbeugte mich mit ihr, dann setzte ich sie auf den Flügel, sie erntete Applaus, dann legte sie sich hin und war damit für das Publikum verschwunden. Der Flügel war ja so schwarz wie sie. Sie setzte sich erst auf, bereit, herunterzuspringen, wenn sie wusste, jetzt ist Pause.

Eine kleine Geschichte möchte ich erzählen. Das Schicksal oder wie man es auch nennen will, führte mich mit Hans Weigel zusammen, der für mich immer der gefürchtete Theaterkritiker war, ein strenger Literat. Das war er auch. Nach Premieren hatten wir alle Angst vor seinen Kritiken. Meine Angst löste sich, als ich ihn einmal zufällig traf. Er hielt mich auf und griff in seine Tasche, zog eine Medaille heraus – ich besitze viele Ehren, aber das ist für mich die schönste. Ich spielte damals in dem Stück *Zeit der Kirschen* eine für mich nicht so besondere Rolle. Aber auf der Medaille standen mein Name und dieses Stück. Ich kann mich erinnern, wie stolz ich war.

Aber etwas gab es, das mich entsetzte. Hans Weigel mochte keine Hunde, und das hatte einen Grund: Als er aus der Emigration nach Wien zurückgekehrt war, wurde er von einer Familie eingeladen, die einen Hund besaß. Der »Herr« Hund sprang ihn an und riss ein Loch in seine Hose. Leider war es die einzige Hose, die er besaß. Aber ich bin doch immer auf der Seite der Tiere, wenn ich auch in diesem Fall die Verzweiflung verstanden habe.

Ich erzähle diese Story nur, weil ich ein Bild aus späteren Jahren vor Augen habe: Wir gingen in einer deutschen Stadt in der Fußgängerzone spazieren, vor uns ein Spielzeuggeschäft. Hans mit Muserl an der Leine. Muserl stürzt zu der Auslage, schaut sich die

Sachen an, führt Hans in das Geschäft. Ich warte eine Weile, denk mir, jetzt sucht sie sich was aus – die beiden kommen heraus. Muserl hatte eine rote Trompete im Maul, die sie dann immer verwendete, wenn sie Schmerz oder Freude empfand.

Irgendwann werde ich das tragische Ende von diesem einmaligen Hund erzählen. Und von ihren Nachfolgerinnen, die von mir und ich von ihnen ebenfalls geliebt wurden. Aber ich schreibe doch ein Buch über Katzenleben! Ja, die Katzen lebten immer für mich so ein bissl nebenher als selbstverständliche »Zuhausetiere«.

Und dann waren plötzlich die Katzen da, Sluki, dann Mutzi und Butzi, und plötzlich war keine Spur von Selbstverständlichkeit mehr. Sie haben in mir etwas geöffnet, das bisher verschlossen war. Es waren auf einmal »meine« Katzen.

Und dann war ER da. Nicolaus, der weiße Perser. Die ersten Jahre kam er nur zu mir, um »Gutis« zu bekommen. Dann begann das Drama mit dem Computer: Er legte sich vor den Bildschirm und dort blieb er. Ich kann nichts mehr schreiben, ich weiß nicht mehr, wer mir was schreibt.

Seine Augen! Wir schauen einander lange Zeit in die Augen. Dann legt er sich hin und verbringt die Nacht beim Computer, um mir morgen wieder in die Augen zu schauen. Ich liebe mein Katerle!

Ich war sehr befreundet mit Marlen Haushofer.
In ihrem wunderbaren Roman
Die Wand – ein Kapitel:

MARLEN HAUSHOFER

Die Ankunft

An jenem Abend kam die Katze in mein Haus. Als klatschnasses graues Bündel hockte sie vor der Tür und jammerte.

Später, in der Hütte, schlug sie entsetzt ihre Krallen in meinen Schlafrock und fauchte den bellenden Luchs wütend an.

Ich schrie den Hund an, und er kroch unwillig und gekränkt in sein Loch zurück. Dann setzte sich die Katze auf den Tisch, eine magere, grauschwarz gestreifte Bauernkatze, hungrig und durchnässt, aber noch immer bereit, sich mit Krallen und Zähnen zu verteidigen. Sie beruhigte sich erst, als ich Luchs in die Schlafkammer verbannt hatte.

Ich gab ihr warme Milch und ein wenig Fleisch, und sie vertilgte hastig und sich fortwährend umblickend alles, was ich ihr vorsetzte. Dann ließ sie sich streicheln, sprang vom Tisch, stelzte durchs Zimmer und glitt auf mein Bett. Dort ließ sie sich nieder und fing an, sich zu waschen. Als sie trocken war, sah ich, dass sie ein schönes Tier war, nicht groß, aber apart gezeichnet. Das Schönste an ihr waren ihre Augen, groß, rund und bernsteingelb. ...

Sie war ein sehr nervöses und misstrauisches Geschöpf, zuckte bei jedem Geräusch zurück und befand sich meistens in einem Zustand der Fluchtbereitschaft und Spannung.

Es dauerte wochenlang, bis sie sich beruhigte.

Seltsamerweise schien sie Luchs bald weniger zu misstrauen als mir. Die Erfahrungen, die sie mit Menschen gemacht hatte, mussten sehr schlimm gewesen sein. Ich war immer gleichmäßig freundlich zu ihr, näherte mich ihr nur langsam und nie, ohne dabei zu ihr zu sprechen. Und als sie sich Ende Juno zum ersten Mal von ihrem Platz erhob, über den Tisch auf mich zukam und ihr Köpfchen an meiner Stirn rieb, empfand ich dies als großen Erfolg. Von da an war das Eis gebrochen. Nicht dass sie mich mit Zärtlichkeiten überhäuft hätte, aber sie schien bereit, das Böse, das ihr von Menschen widerfahren war, zu vergessen.

Noch jetzt geschieht es manchmal, dass sie ängstlich vor mir zurückweicht oder zur Tür flieht, wenn ich mich zu plötzlich bewege. ... Während ich dies schreibe, liegt sie vor mir auf dem Tisch und sieht aus großen gelben Augen über meine Schulter auf einen Fleck auf der Wand. Dreimal hab ich mich schon danach umgedreht und kann dort nichts sehen als das alte dunkle Holz. Manchmal starrt sie auch mich lange und unverwandt an, aber nie so lange wie die Wand, nach einer gewissen

Zeit wird sie unruhig und dreht den Kopf weg oder kneift die Lider zu. ...

Luchs entwickelte mit der Zeit eine gewisse Zuneigung für sie, und er wäre jeden Angreifer angefallen, um sie zu beschützen. ...

Die Katze fing bald an, gewisse Forderungen an mich zu stellen. Sie wollte jederzeit, auch nachts, kommen und gehen, wie es ihr gefiel. ...

Ich sehe mein Gesicht, klein und verzerrt, im Spiegel ihrer großen Augen. Sie hat sich angewöhnt zu antworten, wenn ich zu ihr spreche. Geh nicht fort heute Nacht, sage ich, im Wald sind der Uhu und der Fuchs, bei mir bist du warm und sicher. Hrrr, grrr, mau, sagt sie, und das mag heißen, man wird ja sehen, Menschenfrau, ich möchte mich nicht festlegen. Und dann kommt bald der Augenblick, an dem sie aufsteht, einen Buckel macht, sich zweimal lang ausstreckt, vom Tisch springt, in den Hintergrund gleitet und lautlos in der Dämmerung untertaucht. Und später werde ich meinen leisen Schlaf schlafen, einen Schlaf, in dem die Fichten rauschen und der Brunnen plätschert.

Gegen Morgen, wenn der vertraute kleine Körper sich an meine Beine schmiegt, werde ich mich ein wenig tiefer in den Schlaf sinken lassen, nie ganz tief, denn ich muss sehr auf der Hut sein.

ICH DENKE VIEL AN DICH, MARLEN. – Ich habe
Die Wand zu meinem Lieblingsbuch erklärt.

Ich bin schon sehr alt und jedes Jahr meines langen Lebens war angefüllt mit Sorge um meine Tiere.
Vom Anfang: Hund – Katze – Hund – Hund – Katze – Hund – Katze – Katze – Katze – Hund – Hund
– nein, ich gebe das Zählen auf.

Zurück in die Gegenwart: Weißer Perser, große
dunkle Striche in den Augen, ganz ruhiger Blick.
Er schaut dich an, dass du nachdenken musst. Ist
das Liebe oder Verachtung? Man hat ihn nie zu
stören, wenn er schläft. Und das tut er den ganzen Tag an verschiedenen Lieblingsplätzen, die
man nur erahnen kann. Man sagt, die dreifärbigen
seien Glückskatzen. Vielleicht – ich weiß es nicht.
Für mich sind es alle. Mein Katerle, nein, ich darf
dich nicht klein machen! Du bist ein großer, stil-
ler, sanfter Bube, nein: »Herr«! Nicolaus ist dein
Name, hörst aber nicht auf ihn. Ich soll Katzen
beschreiben, aber das geht ja nicht – es gibt schon
so viel über dich, Texte, die deine Seele, deine Lau-
nen beschreiben.

Vor einigen Tagen besuchte mich das Fernsehen, die *Seitenblicke*. Ich war aber nicht die Hauptfigur. Sie stürzten sich auf Nicolaus und er war so schön im Bild nachher. Man hat dann auf nichts anderes geschaut.

Wo du dich aufhältst, fragt mich die Dame, die dich interviewen möchte. »O, bist du ein schöner Kater«! Ein Blick auf sie. Er steht auf, wendet sich und geht. Auf seinen Lieblingsplatz. Ja? Wo ist der? Das möchte ich nämlich auch gern wissen. Jedenfalls nicht dort, wo ich ihn vermute. Er wechselt ständig. Gestern war es der: mit dem Hinterteil auf dem Klavier, mit dem Kopf auf der Stehlampe, der lange weiße Schweif hängt in der Luft herunter. Unten sitzt Pipsi, mein Chihuahua. Sie starrt auf

Nicolaus, ihr kleiner Schweif ist ein rasender Propeller. Nein, nicht jetzt! Diese Situation endet nämlich immer in einem Rasen durch die Wohnung. Pipsi bellt, aus Nico kommen Schreie. Bei uns kann man nämlich im Kreis rennen. Vorzimmer – Wohnzimmer – Computerzimmer – Malzimmer – Esszimmer – Küche – Vorzimmer – Wohnzimmer – Computerzimmer – Malzimmer … über Möbel und alles, was man überspringen kann. Aber nichts wird zerstört!

Miez – Miez – Miez! … Keine Reaktion. Dieses »Miez« ist eine Beleidigung, nur Katzen reagieren auf solche Zurufe. Aber zu einem stolzen Kater kann man doch nicht lieblich »Miez« sagen. Noch dazu, wenn er ein Perser ist, ein weißes Fell besitzt, so schöne grünblaue Augen hat, die er verändern kann.

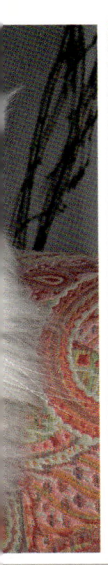

Katerle, wie bist du eigentlich zu uns gekommen, in unsere Familie? Wir bestehen aus drei Personen. Da ist einmal die Fritzi, die seit ihren Kindertagen bei uns ist. Mit ihr bin ich »übrig« geblieben, und Goran, mein Adoptivsohn. Alle anderen, die zu mir gehört haben, sind nicht mehr auf dieser Welt. Ob es eine andere gibt, weiß vielleicht mein Kater.

Ja, wieso ist er bei uns? Ich möchte so gern erfahren, wie er bis zum Eintreffen in unsere Familie gelebt hat. Er musste weg, wie so viele seiner Artgenossen, wegen einer Katzenhaarallergie.

Er war bei einer Frau, die drei Katzen besaß. Ihre Mutter wurde ein Pflegefall und hatte eine Katzenhaarallergie. Sie nahm die Mutter zu sich, musste sich aber von ihren Katzen trennen. Wir beschlossen, eine aufzunehmen. So fuhren wir alle drei zur

Katzenadresse in einem Vorort von Wien zu einem Gemeindebau. Wir hatten alle drei Herzklopfen. Wie wird er sich mit unseren Hunden Pipsi und Annie verstehen?

Eine weinende Frau öffnet uns. In ihrem Arm ist ein weißes Knäuel. Goran spricht mit ihr, erledigt den Vorgang, und ich habe dieses Etwas in meinem Arm. Wir waren sofort verliebt in den weißen Perser. Bei uns zu Hause angekommen, wurde der Neue von allen Seiten beschnuppert, und wir wussten: akzeptiert!

Wir versuchten, ihm alles zu geben, von dem wir dachten, dass es ihm Freude bereite, aber es interessierte ihn nichts. Er setzte sich sofort in eine Schachtel, die beim Computer stand, und verließ sie drei Tage nicht.

Dann nahm alles seinen gewöhnlichen Katzenablauf. Wir lieben ihn mehr als er uns. Er ist sehr edel und tut, was er will. Und wissen Sie, was er will? Schlafen. Und zwar den ganzen Tag. Wie kann ein Wesen nur so viel schlafen?! Tag und Nacht. Nur um zu fressen erwacht er. Aber wenn ich mich abends zum Computer setze, um eine Nachricht zu öffnen oder zu schreiben, ist es für mich unmöglich. Er springt herauf, wenn er nicht schon vor dem Computer schläft, und geht ungefähr 35 Mal vor dem Bildschirm hin und her. Dann setzt er sich direkt davor, und ich habe überhaupt keine Chance mehr. Seine Beweglichkeit ist unglaublich. Er ist der einzige Adelige in unserer Familie. Wenn er genug hat, legt er seinen Kopf in meine Hand, und wenn er zu schnurren beginnt, weiß ich, jetzt geht er bald schlafen. Er ist halt vom Schlafen müde, das muss man verstehen.

Es finden natürlich bei uns auch Spieldramen statt. Pipsi, die große Sympathien zu Nicolaus hat, bekommt gegen Abend oft den Rappel. Sie jagt den Kater durch die ganze Wohnung im Kreis, immer wieder und zwickt ihn in den weißen Schwanz, worauf sie selber plötzlich einen weißen Bart hat. Ich bin entsetzt, aber es macht beiden nichts. Er schläft auf der Stelle wieder ein, und sie sitzt an meinen Füßen.

Hans Weigel, der sein Leben mit Schreiben verbrachte, lebte in den letzten zwanzig Jahren mit Katzen. Sie besuchten ihn sogar auf seinem Schreibtisch in Maria Enzersdorf, von dem er den schönen Blick auf die Weinbergkette hatte. Ob Katzen Ausblicke schätzen? Auf alle Fälle haben sie ihm viel von ihrem Leben eröffnet. Mit einem Theaterstück gab er ihnen etwas zurück:

Hund und Katze

Viertes Spiel (Zwischenspiel)
Atmosphäre für eine intime Duoszene. Bei Minka.

TASSO: *(zart, gehemmt)* Fräulein Minka

MINKA: Oh – Herr Tasso.

TASSO: Sind Sie allein?

MINKA: Ja, die ganze Familie ist fort.

TASSO: Störe ich?

MINKA: Aber nein, im Gegenteil.

TASSO: Ja, merkwürdig, da lebt man Tag für Tag ganz nebeneinander, und einer weiß nichts vom andern.

MINKA: Oh, ich weiß viel von euch. Ich habe euch oft zugesehen.

TASSO: Gesehen? *(nachdenkend)* Ja, vielleicht – aber ohne Nase erkennt man doch niemanden. Höchstens die eigenen Leute. Eine Katze sieht doch aus wie die andere.

MINKA: Aber nein! Das könnte man eher von den Hunden sagen. Die Familien kenne ich auseinander, Dackel, Pudel, Terrier – aber die einzelnen? Die sind für mich wie die Menschen.

TASSO: Interessant. So geht's mir mit den Katzen. Kein Gesicht.

MINKA: Und können Sie mich jetzt auch sehen?

TASSO: Ja, Sie! Weil Sie's sind! *(lächelnd)* »Hund und Katze«.

MINKA: *(nachdenklich)* Ich weiß selbst nicht.

TASSO: Schöne Minka.

MINKA: Schöner Tasso!

TASSO: Meine Minka.

MINKA: Mein Tasso.

TASSO: Weißt du, wir haben viel vor. Wir wollen, dass es den Hunden besser geht. Wir wollen nicht länger die Herren mit uns machen lassen, was sie wollen. Erzähl das den Katzen, damit sie wissen, wer wir sind.

MINKA: Ich möchte euch so gern helfen. Ich finde das großartig, was du da machst.

TASSO: Du kannst mir helfen. Wenn die Katzen sich anders stellen zu uns, werden meine Hunde wissen, dass ich das gemacht habe.

MINKA: Die Katzen werden sich anders benehmen. Hund und Katze werden Freunde werden. Hund und Katze müssen Freunde werden – Tasso.

TASSO: Ja, aber es ist schwer, Minka, es ist so schwer. Manchmal muss ich denken: Wär's nicht besser aufzuhören?

MINKA: Nein, Tasso, bitte nicht! Du machst mir Sorgen. *(horcht)* Ich glaube, jetzt kommen sie.

TASSO: *(schnuppernd)* Ja, die ganze Familie.

MINKA: Geh, sie sollen dich nicht hier sehen.

TASSO: Ja, es ist besser, ich gehe.

MINKA: Leb wohl, Tasso!

TASSO: Leb wohl, Minka. Meine Minka.

MINKA: Mein Tasso. Mein schöner Tasso.

DAS GLEICHE THEMA hat Karel Čapek, ein weite-
rer literarischer Katzenfreund, in Prosa dargestellt:

KAREL ČAPEK

Hund und Katze

Ich habe genau aufgepasst und oft – unbeobachtet
– beobachtet und kann daher mit nahezu autorita-
tiver Sicherheit verkünden: Der Hund spielt nie,
wenn er allein ist. Der Hund ist, sich selbst überlassen, sozusagen tierisch ernst. Wenn er nichts zu
tun hat, gähnt er, denkt nach, fängt Flöhe, nagt an
einer Bürste oder an einem Schuh. Aber er spielt
nicht. Solange er allein ist, wird er nie seinen
Schweif haschen, auf der Wiese Zirkuspferd spielen, Zweiglein im Maul tragen oder einen Stein vor
sich herrollen. Zu all dem braucht er einen Partner,
einen Zuschauer, ein teilnahmsvolles Wesen, in
dessen Interesse er seine frenetischen Spiele
betreibt.

Sein Spiel ist der Ausbruch geselliger Freude. So
wie er nur dann mit dem Schwanz wedelt, wenn er
einer verwandten Seele begegnet – sagen wir
einem Menschen oder einem Hund –, so spielt er
nur dann, wenn ihm dabei wenigstens durch Zuse-
hen Gesellschaft geleistet wird.

Es gibt empfindsame Hunde, die das Spiel in dem
Augenblick verdrießt, da man aufhört, sich um sie

zu kümmern. Es scheint, als freue sie das Spiel nur, solange sie beim Mensch Erfolg haben. Der Hund braucht also ermunternden Kontakt mit einem Partner. Das gehört zu seiner geselligen Natur.

Die Katze spielt auch, wenn Sie dazu den Anstoß geben. Sie kann aber auch spielen, wenn sie allein ist. Sie tändelt nur für sich, einsiedlerisch und unmitteilsam. Sperren Sie sie ein! Ein Knäuel genügt ihr, eine Quaste oder eine baumelnde

Schnur und schon ergibt sie sich ihrem stillen, graziösen Spiel. Sie amüsiert sich nur für sich. Der Hund will jemanden anderen unterhalten. Die Katze interessiert sich nur für sich. Der Hund bemüht sich darum, dass jemand sich für ihn interessiere. Er lebt ganz und glückstrahlend nur dann, wenn er im Rudel ist. Zwei sind auch ein Rudel.

Wenn er seinem Schweif nachjagt, schielt er immer mit einem Auge nach Ihnen: Was sagst du dazu, Mensch und Rudelgenosse?

Das würde die Katze nie tun. Sie gibt sich auch ihrem Spiel nie so schrankenlos, so ungehemmt hin wie der Hund. Sie steht immer über dem Spiel. Es sieht stets so aus, als würde sie sich wohlwollend und ein wenig verächtlich dazu herablassen, zu spielen. Der Hund spielt wann immer ganz, die Katze nur wie aus Laune.

Sagen wir vielleicht so: Die Katze ist vom Stamme der Ironiker, die Unterhaltung in sich finden. Sie spielen mit Leuten und mit Dingen, jedoch nur der eigenen inneren Belustigung wegen.

Der Hund ist aus dem Geschlecht der Humoristen. Er ist gutmütig und vulgär wie der Anekdotenerzähler, der sich ohne Publikum vor Langeweile in die Nase beißen müsste. Der Hund gibt aus Drang nach Geselligkeit sich selbst zum Besten. Er ist bereit, sich vor Eifer in Stücke zu reißen, wenn ein Gesellschaftsspiel zustande kommt. Der Katze genügt das Selbsterleben. Die Katze ist Subjektivistin. Der Hund lebt in einer geselligen Welt, in einer objektiven also. Die Katze ist geheimnisvoll wie ein Tier. Der Hund ist unkompliziert und naiv wie ein Mensch. Die Katze hat etwas von einem Ästheten. Der Hund ist wie ein gewöhnlicher Mensch. Es ist etwas an ihm, das ihn einem anderen zukehrt, allen anderen. Er lebt nicht nur für sich allein. So wie ein Schauspieler nicht nur für den Spiegel spielen könnte, ein Dichter Verse nicht nur für sich schreiben und ein Maler nicht nur Bilder malen, um sie verkehrt aufzuhängen.

In allem, womit wir Menschen wirklich und mit voller Seele spielen, liegt derselbe eindringliche Blick, der sich um Teilnahme und Interesse des ganzen großen lieben Menschenrudels müht.

Und wir können uns vor Eifer in Stücke reißen …

Die Katze

Sie schleppt sich mit schwerem Bauch und durchgedrücktem Ziegenrücken durch die Wohnung. Sie sucht, sie sucht ohne Unterlass. Kein Winkel ist ihr versteckt genug und so weich gepolstert, dass sie dort ihre fünf blinden, pfeifenden Jungen zur Welt bringen wollte. Sie versucht mit den Pfötchen den

Wäscheschrank zu öffnen. Ich bitte dich, Katze, ausgerechnet in dieser Fülle schwanenweißer Wäsche möchtest du niederkommen?

Sie blickt mich mit ihren goldfarbenen Augen an: »Mensch, öffne das für mich, willst du?« Es geht nicht, Katze. Sieh doch, da habe ich dir einen ausgepolsterten Korb hergestellt, was möchtest du Besseres?

Jetzt versucht sie mit den Pfötchen den Bücherschrank zu öffnen.

Du willst doch deine Jungen nicht inmitten der schönen Literatur zur Welt bringen? Und weiter sucht sie in mütterlicher Ungeduld und Unruhe.

Na ja, sie hat jetzt schon ihre Erfahrungen. Mindestens zweimal im Jahr beschenkt sie mich mit der Regelmäßigkeit und Pünktlichkeit eines Naturfahrplanes mit vier oder fünf mehr oder minder schwärzlichen Kätzchen und überlässt es mir, diesen eine anständige Existenz zu sichern. Alle meine Freunde und Bekannten müssen bereits für diese üppige Fruchtbarkeit meiner Miez einstehen. Sie kennt sich, wie gesagt, jetzt schon aus.

Doch als das erste Mal ihre Stunde herankam – damals war sie noch ein verwundertes, halberwachsenes Katzenfräulein –, suchte sie ihren Winkel, ebenso kennerisch und wählerisch, als wüsste sie bis ins Detail, was ihrer harre. Ihr Benehmen wäre ganz plausibel, würde sie in der Katzensprache zu sich sagen: »Mir scheint, dass ich Junge bekomme. Ich muss mir also einen versteckten Winkel suchen, wo meine Babys Ruhe und Sicherheit finden.« Doch die Katze weiß nichts von alledem. Könnte sie wirklich sprechen, hieße es so: »Komisch ist das! Fortwährend sagt mir etwas: ›Such, such! Finde einen gewissen besonderen Platz! Nein, dieser Lehnstuhl ist es nicht! Das Kissen, auf dem du da zu schlafen pflegst, auch nicht!‹ Was soll ich eigentlich suchen und

warum? Etwas sagt mir, dass ich in diesen Wäsche-korb gelangen sollte. Oder ins Bett kriechen und mich unter der Zudecke verstecken – mein Gott, welche Unruhe! Was geht nur mit mir vor?«

Tatsächlich sieht sie in manchen Augenblicken so unendlich ernst und konzentriert drein, als lausche sie angestrengt, was ihr das herrische Etwas zu sagen habe. Sie führt es dann mit großer Sicherheit aus, und wir Menschen sagen »Trieb« dazu, damit das Etwas nicht ohne Namen bleibe.

Nun gut. Eines Morgens – die Bescherung stellt sich nämlich zumeist während der Nacht ein – findet sich in irgendeinem Winkel ein halbes Dutzend pfeifender Katzenjungen. Die Katze antwortet

ihnen mit einem süßen Gurren, das in ihrem Tonre-
gister nur für diesen Zweck aufscheint. Es ist keine
Stimme, es ist ein ganzer Akkord in harmonischer
Terz und Quint, sehr ähnlich einem Akkord auf der
Mundharmonika.

Die Katze geht über vor ostentativer Mutterschaft. Jede ihrer Bewegungen ist schützend und
weich. Ihr zerzauster Bauch, der geduldig
gekrümmte Rücken und die besorgten Pfötchen
umhegen die zwitschernden Jungen wie ein mütterlicher Ranzen. Nur für einen Sprung verlässt sie
das Nest, um im Trab zurückzukehren und schon
von Weitem zu rufen und zu gurren. In ihr ist ein
kompletter Mutterschaftsfanatismus ausgebro-
chen.

Aber nach etwa sechs Wochen entspringt sie
leise und elegant dem Katzennest und verschwindet in der Frühlingsnacht, während in der Ferne
der raue Katerbariton lockt. Am Morgen kehrt sie
mit großen grünen Augen wieder und leckt sich
das zerzauste Fell. Kommt dann ein Kätzchen, um
sich vollzusaugen oder mit Mutters Schweifchen zu
spielen, erhält es ein Kopfstück, das es umwirft,
worauf es sich rollend, grollend und enttäuscht
verzieht.

Komm zu mir, Kätzchen, und höre: Das ist der
Lauf der Welt. Das ist das Ende deiner Kindheit, es
wird Zeit, dir ein Plätzchen zu verschaffen.

Mit dem Rücken zu ihren Jungen, glatt geleckt, blickt die Katze zum Fenster hinaus. Sie lauscht offenbar der Stimme des Etwas, die spricht: »Du musst hinaus, du musst diese Nacht hinaus, denn er kommt!«

Brächte ich ihr nach vierzehn Tagen eines ihrer Jungen, würde sie es feindselig wie eine Schlange anzischen.

Die unsterbliche Katze

Am Anfang dieser Geschichte von einer Katze steht – mit der Inkonsequenz, die für die Wirklichkeit bezeichnend ist –, ein Kater und zwar ein geschenkter.

Jedes Geschenk hat etwas Übernatürliches. Jedes ist gleichsam aus einer anderen Welt, fällt vom Himmel, dringt ohne Rücksicht mit dem Elan eines Meteoriten auf uns und in unser Leben ein. Besonders dann, wenn es sich um einen geschenkten Kater mit blauem Bändchen handelt.

So wurde er denn auf den Namen Philipp getauft. Infolge seiner unterschiedlichen moralischen Qualitäten nannten wir ihn dann auch Kujon oder Lumpi. Er war ein Angorakater, aber zausig und rostfarben wie irgendeine Miez aus unseren Landen.

Eines Tages fiel Philipp – im Zuge einer Expedition – vom Balkon einer Frauenperson auf den Kopf. Diese fühlte sich dadurch teils gekratzt, teils tief beleidigt und erhob gegen meinen Kater Anklage. Er sei ein gefährliches Tier, das vom Balkon ahnungslosen Passanten auf den Kopf springt. Ich konnte zwar die Unschuld meines seraphischen Tierchens beweisen, doch drei Tage später tat es seinen letzten Atemzug. Arsen und menschliche Bosheit hatten es dahingerafft.

Als ich eben mit seltsam verschleierten Augen beobachtete, wie seine Glieder sich in letzten Zuckungen streckten, vernahm ich von der Eingangstüre her ein klägliches Miauen. Dort stand zitternd ein verirrtes, schmutziges Kätzchen, das abgemagert war wie ein Fakir und dreinsah wie ein verlorenes Kind. Nun, komm her, Miez! Vielleicht ist es ein Fingerzeig Gottes, der Wille des Geschickes, ein geheimnisvoller Wink oder wie man es sonst nennen mag, wenn man guten Willens und traurig ist. Am ehesten meine ich, dass mein Katerchen Philipp in der Sekunde seines Hinscheidens Ersatz geschickt hat.

Das war also das Entrée der Katze, die wegen ihrer Bescheidenheit den Namen »Daisy« – Gänseblümchen – erhielt. Wie Sie merken, kam sie aus dem Unbekannten, aber ich lege Zeugnis dafür ab, dass sie sich auf ihren geheimnisvollen oder gar übernatürlichen Ursprung nichts zugutetat. Im Gegenteil! Sie benahm sich wie jede sterbliche Katze. Sie trank Milch, stahl Fleisch, schlief auf meinem Schoß und trieb sich nächtens herum.

Als ihre Zeit kam, warf sie fünf Junge. Eines war rotbraun, eines schwarz, das dritte dreifärbig, das vierte dunkelgrau und das letzte gar ein Angora.

Aha, da haben wir es!

Ich begann, alle Bekannten zu stellen: »Hören Sie«, sagte ich großartig: »ich habe für Sie ein fantastisches Kätzchen!« Einige von ihnen wanden sich heraus – wahrscheinlich aus übermäßiger Bescheidenheit –, sie möchten wohl, können aber leider nicht und was dergleichen Ausreden mehr sind. Andere wieder waren so verblüfft, dass sie kein Wort herausbrachten, worauf ich ihnen schnell die Hand drückte und erklärte, die Sache sei demnach abgemacht. Das Katzenjunge würde ich ihnen beizeiten zustellen lassen. Und schon jagte ich dem nächsten zukünftigen Katzenbesitzer nach.

Es gibt wohl nichts Schöneres als so eine Katzenmutterschaft. Man sollte sich eine Katze schon wegen ihrer Jungen anschaffen. Sechs Wochen später allerdings ließ Daisy ihre Kätzchen Katzen sein und wollte den heiseren Bariton des Katers von Nachbars Villa aus nächster Nähe genießen.

Nach dreiundfünfzig Tagen entledigte sie sich junger Katzen, sechs an der Zahl. Nach Jahr und Tag waren es insgesamt siebzehn. Ich glaube, dass

der Mann, der den Ausdruck »fruchtbar wie ein Kaninchen« prägte, meine Daisy nicht gekannt haben kann.

Immer hatte ich gedacht, der Teufel hol's, ich hätte weiß Gott wie viele Bekannte. Doch seit der Zeit, da sich Daisy mit der Katzenfabrikation befasst, erkenne ich, dass ich im Leben alleinstehe. Dass ich zum Beispiel niemanden habe, dem ich das sechsundzwanzigste Junge anbieten könnte.

Wenn ich mich jemandem vorstelle, murmle ich meinen Namen und dann: »Möchten Sie vielleicht ein Kätzchen?« »Was für ein Kätzchen?«, fragen die Leute erstaunt. »Das weiß ich noch nicht«, antworte ich, »ich weiß nur, dass ich demnächst wieder welche bekomme.«

Bald hatte ich den Eindruck, dass mich die Leute meiden. Vielleicht war der Neid die Ursache, weil ich so viel Glück mit Katzenjungen hatte.

Nach Brehm haben Katzen zweimal im Jahr Junge. Daisy kam hohnlächelnd drei- bis viermal jährlich nieder und das ohne Rücksicht auf die Jahreszeit. Sie war eben eine übernatürliche Katze. Offenbar war ihr die Bestimmung auferlegt, den vergifteten Kater zu rächen und hundertfach zu ersetzen.

Nach drei Jahren fruchtbarer Tätigkeit ging Daisy plötzlich ein. Dies war die Folge eines schwe-

ren Hiebes, den ihr irgendein Hausmeister unter dem unwürdigen Vorwand versetzt hatte, sie wäre in seine Speisekammer eingedrungen und hätte dort eine Gans gefressen.

An dem Tag, da Daisy dahinschwand, kehrte ihre jüngste Tochter zu uns zurück, die ich meinem Nachbarn angehängt hatte. Sie blieb unter dem Namen Daisy II, dies in gerader Nachfolge ihrer verblichenen Mutter. Sie folgte geradezu vorbildlich nach. Als sie noch ein Katzenjüngferlein sein sollte, ging sie auf wie Kuchenteig und schenkte der Welt alsbald vier Junge. Eines schwarz, eines ziegelrot, eines gesprenkelt wie eine Pferdebohne und das vierte mit dem Schimmer durch Waschblau gezogener Betttücher.

Daisy II warf dreimal jährlich mit der Präzision eines Naturgesetzes. Innerhalb von dreißig Monaten bereicherte sie die Fauna unserer Stadt durch einundzwanzig Katzen aller Farben und Rassen, die von der Insel Man ausgenommen, denn dort kommen die Katzen schwanzlos zur Welt.

Das einundzwanzigste Junge brachte mich in größte Verlegenheit: Ich konnte keinen Abnehmer dafür finden. Eben hatte ich mich entschlossen, die Aufnahme in eine Freimaurerloge anzustreben, die mir einen neuen Bekanntenkreis erschließen sollte, als Nachbars Rolf Daisy II zu Tode biss. Wir trugen sie ins Haus und legten sie auf ein Bett. Ihre Kinnladen zuckten noch. Dann hörte das Zucken auf und schon entsprangen ihrem dichten Fell Brigaden von Flöhen. Das ist das untrügliche Zeichen des eingetretenen Katzentodes.

Das hinterbliebene Kätzchen wurde mit dem Namen »Daisy III« begabt und warf vier Monate später fünf Junge. Seit dieser Zeit erfüllt sie ihre Mission gewissenhaft in Intervallen von fünfzehn Wochen. Sie versäumte nur einen Termin: Während der heurigen Sommerfröste. Ich verzeihe ihr.

Man würde gar nicht glauben, dass sie eine so große, unsterbliche Aufgabe hat. Sie sieht aus wie eine gewöhnliche dreifarbige Hausmiez, die den ganzen Tag auf dem Schoß des Familienpatriarchen schläft – oder auf dessen Bett –, einen ausge-

prägten Sinn für persönliche Bequemlichkeit hat, gegen Mensch und Tier gesundes Misstrauen hegt und, wenn es darauf ankommt, ihre Interessen und ihre angestammten Rechte mit Zahn und Kralle zu verteidigen weiß.

Doch wenn die fünfzehn Wochen um sind, beginnt sie zitternde Unruhe zu zeigen, sitzt nervös vor der Tür und täuscht vor: »Mensch, ich muss schnell hinaus, ich vergehe vor Bauchgrimmen!« Dann fliegt sie wie eine Hexe ins nächtliche Dunkel und kehrt erst morgens wieder. Verfallen im Gesicht und mit Ringen unter den Augen.

In dieser Zeit kommt vom Norden her, wo der große Friedhof sich breitet, ein riesiger schwarzer Kater. Vom Süden, wo es von Fabriken wimmelt, schleicht ein rotbrauner, einäugiger Raufbold daher. Der Westen, in dem die Zivilisation siedelt, entsendet einen Angorakater, der einen Schwanz wie Straußenfedern hat, und der Osten, wo gar nichts ist, liefert ein geheimnisvolles weißes Tier mit getigertem Schweif.

Inmitten der vier sitzt dreifarben und schlicht Daisy III und lauscht bezaubert ihrem Geheul, ihren abgehackten Schreien, dem Gewimmer gemordeter Säuglinge, dem Grölen betrunkener Matrosen, den Saxophonen, dem Dröhnen der Trommel und den übrigen Instrumenten der Gro-ßen Katersymphonie.

Damit alles klar ist: Zum Katersein gehört nicht nur Kraft und Tapferkeit, es gehört auch Ausdauer dazu. Manchmal belagern die vier apokalyptischen Kater Daisys Heim eine volle Woche hindurch. Sie blockieren das Tor, dringen durch die Fenster ins Haus ein und entweichen wieder unter Zurücklas-sung höllischen Gestanks.

Endlich kommt die Nacht, da Daisy III nicht aus-zugehen fordert. »Lasst mich schlafen«, sagt sie, »schlafen, in alle Ewigkeit schlafen. Schlafen, träu-men – – ach, ich bin ja so unglücklich!«

Worauf sie in angemessener Frist fünf Junge wirft. Ich habe diesbezüglich schon meine Erfah-rungen: Es werden fünf sein. Ich sehe sie schon vor mir, die teuren, süßen Dingerchen, wie sie wieder durch die Wohnung hüpfen und schleichen, vom Tisch die Stehlampe reißen, Schuhe von innen nass

51

machen, mir die Beine entlang auf den Schoß kriechen, wie ich ein Junges im Ärmel finde, wenn ich den Rock anziehen will, die Krawatte unterm Bett, die ich umbinden wollte. Ja, mit Kindern hat man Sorgen, das wird jeder bestätigen. Es genügt nicht, sie zu erziehen, man muss auch ihre Zukunft sicherstellen.

In meiner Redaktion haben schon alle Kollegen Kätzchen. Ich bin bereit, jeder Organisation, jedem Verein beizutreten, wenn mir die Abnahme von einundzwanzig Katzenjungen garantiert wird.

Inzwischen werde ich mich in dieser unfreundlichen Welt nach Plätzchen für weitere Generationen umsehen, und Daisy III oder IV werden – die Pfötchen eingezogen – das Garn ihres Katzenlebens spinnen. Sie werden von einer Katzenwelt träumen, von Katzenarmeen und davon, dass die Katzen, sobald ihrer genug sind, das Weltall erobern wollen. Denn das ist die große Aufgabe, die ihnen der unschuldig hingemordete Kater Philipp auferlegt hat.

Aber ernstlich: Möchten Sie nicht ein Kätzchen?

Der Katzenfrühling

... ist eigentlich schon vorbei, während wir frierenden und hustenden Menschen auf unseren Frühling warten, auf den Frühling der Pensionisten, Verliebten und Dichter.

Unsere Katzen aber haben ihr großes Frühlingsabenteuer bereits hinter sich und kehren nach vierzehntägiger oder dreiwöchiger Liebeseskapade heim. Mager wie Strohhalme, schmutzig wie Kehricht. Sie laufen zuerst zu ihrem Tellerchen und gleich darauf in die Arme eines Menschen. Denn dort fühlen sie sich wohl und sicher wie ein sündiger Mensch in Gottes Hut. Dann blinzeln sie mit ihren goldfarbenen Augen und schnurren leise: »Nie wieder, großer Mensch, will ich so etwas tun! Wenn du wüsstest, was ich mitgemacht habe. Ich will an diesen gestreiften Rohling mit dem abgebissenen Schweif gar nicht mehr denken, an diesen gestreiften Nichtsnutz, an diesen Wildling. Ach, dass ich nur wieder daheim bin ...«

Ich meine also, dass in diesem Frühling, in diesem Katzenspätfrühling, schon Tausende Katzen – Ihre Katzen! – für Nachwuchs gesorgt haben und in Ihren Stuben mit gequollenen Bäuchlein umherstreichen, wobei sie sich eine neue Würdigkeit zugelegt haben. Sie sollten auf der Hut sein, damit sie Ihnen in ihrer schweren Stunde nicht ins Bett kriechen! Und wenn sie dann zwei oder drei blinde, pfeifende Mäuschen zur Welt bringen, beginnt das ewige Spiel der Mutterliebe.

Ihre Katze wird zärtlich und ist rührend im Übermaß ihrer Gefühle. Sie liegt so, dass sie ihre zitternden Jungen mit dem Körper und mit allen vieren schützen kann. Sie bildet mit ihrem Leib eine Höhle, ein Heim. Sie gurrt als Antwort auf jedes Pfeifen mit einem Laut, der ihr nur für diesen Zweck gegeben ist, und bietet den Jungen ihren Körper so klug und aufopfernd an, dass der Mensch staunt über die Vernunft und die erfinderische Routine dieser Katzenmutterschaft.

Und eben beobachte ich eine Katze, die sich – offenbar aus jugendlicher Unkenntnis, denn es war ihr erstes Abenteuer und ihre erste Mutterschaft – mit ihrem Katzenfrühling sehr beeilt hatte. Sie brachte zwei piepsende Zitterlinge zur Welt, und bevor sie sich noch von ihrem Erstaunen erholt hatte, waren die Kätzchen dahin. Ihr Herr hatte sie wegschaffen lassen.

Schön, nun könnte ich die Unruhe und den Schmerz der Katzenmutter schildern und daran Erwägungen über das Mysterium der Mutterliebe knüpfen. Doch das Mysterium, das ich sehe, ist ganz anderer Art. Die Katze ist zwar unruhig, doch von Schmerz könnte ich nicht sprechen. Dafür benimmt sie sich haargenau so, als hätte sie ihre

Jungen. Sie gurrt als Antwort auf jeden Laut mit einer Stimme, die ihr nie zu Gebote stand. Sie liegt in einer Pose, die sie nie kannte, mit weichen, eingezogenen Pfötchen. Nach einem Weilchen zeigt sie Unruhe und dreht sich auf die andere Seite. Dies wohl darum, damit die Jungen die zweite Reihe der ziemlich schlaffen Zitzen in Anspruch nehmen können. Sie tut genau das, was eine Katze täte, die von pfeifenden und saugenden Jungen umgeben wäre. Die Abwesenheit der Kätzchen beunruhigt, verwirrt sie aber nicht.

Sie bricht in leidenschaftliche Zärtlichkeit aus. Sie belagert den Menschen mit Werben um Streicheln, Wiegen und Kraulen. Ihr Körper sehnt sich nach Berührung. Sie gurrt und schnurrt vor Glück, wenn ein Mensch sie im Arm hält und sie die Pose der stillenden Katzenmutter einnehmen kann.

Ich würde sagen, dass sie das tut, was ihr nach dem Naturgesetz zusteht. Sie verhält sich der Situation nach falsch, der festgelegten Ordnung nach jedoch richtig. Der Mensch meint, sie gurre im Gespräch mit ihren Kindern. Tatsächlich aber gurrt die Katze, weil es ihr von altersher vorgeschrieben ist, was sie nach dem Wurf zu tun hat. Es ist so, wie wenn ein aufgezogener Kreisel seine Zeit abschnurren muss. Dieses zärtlich gurrende Weibchen, diese törichte getigerte graue Katze ist keine sorgende Mutter, sie ist die Natur selbst, eine millionenmal ältere Mutter als dieses wirre Geschöpf.

Nie erkennt man die blinde und vollkommene Funktion des Triebes besser als dann, wenn ihm der Zweck genommen wurde. Dann zeigt sich plötzlich sein präziser Mechanismus. Die Natur hat zu dem Einzelwesen kein Zutrauen. Darum schreibt sie ihm bis in die subtilsten Details vor, was es zu tun hat. Nichts ist seiner Initiative überlassen. Das Reich des Instinkts ist mit definitiver, unabänderlicher Gültigkeit organisiert.

Und wir seltsamen und oft verwirrten Menschen wissen gar nicht, wie wir dieser vollkommenen Ordnung der Triebe entronnen sind. Das Weib muss die Bewegung, mit der es sein Kind an sich drückt, erst lernen, ja, erfinden. Der Mensch muss alles auf seine Gefahr erwerben und meistern, die Mutterschaft und auch das Leben. Wäre der Mensch von Trieben regiert, könnte er nichts ersinnen, nichts Neues schaffen. Das Schöpferische im Menschen ist nicht triebhaft. Der Trieb ist konservativ, unpersönlich und wiederholt sich ewig. Wenn es im Menschen wirkliche persönliche Initiative, wirkliches Suchen und wirklichen Fortschritt gibt, ist dies das Werk des Intellekts.

Geh, du dumme Katze! Wir verstehen einander nicht mehr.

DIE ERSTE KATZE MEINES LEBENS habe ich von einem Musiker bekommen, dem Komponisten Charly Wimmer. Er hat sich so gefreut, mir dieses Tier zu bringen. Eine weiß-rot gefleckte Katze, hochbeinig, liebebedürftig. Schnurrli haben wir sie einfallsreich genannt. Wir sind erst später darauf gekommen, dass die Schnurrli ein Kater war. Da waren wir noch nicht so katzenkundig.

Mit Schnurrli hatten wir ein schreckliches Erlebnis: Wir wohnen im vierten Stock. Bevor man in unsere Wohnung kommt, gibt es einen Gang, früher Pawlatschen genannt. Schnurrli lag besonders gern im leeren Blumenkistel, das an dem Geländer hing. Plötzlich sehen wir, dass Schnurrli auf dem Geländer spaziert. Unter ihm vier Stockwerke durch die Luft! Und es ist passiert, was wir sofort befürchtet haben: Er ist hinuntergestürzt.

Es gibt ein kleines Vordach unten in unserem Hof, auf das ist er gefallen und war im nächsten Augenblick nicht mehr zu sehen.

Wir suchten ihn überall, auf unserem Dachboden, im ganzen Haus, in allen Nebenhäusern, auf allen Dachböden der Nebenhäuser – nichts.

Der Bub unserer Nachbarn hat dann gesagt: »Wenn ihr mir 50 Schilling gebt, sag ich euch, wo eure Katze ist.« Und so geschah es.

Schnurrli hatte sich gar nicht so wehgetan. Ein Katzenengel muss mit ihm geflogen sein. Unsere Nachforschungen ergaben, dass er sofort wieder die Stiegen hinauf und in die Nachbarwohnung gelaufen ist. Dort hat er sich versteckt. Den Sturz hat er fast ohne Folgen überlebt, nur hatte er seitdem immer einen Tropfen Speichel auf seinem kleinen

Maul und schleckte die Milch von der eingetauchten Pfote.

Seine Liebe zeigte er uns, indem er uns, während wir tranken, mit seinem Kopf einen Kinnhaken gab. Natürlich hatte jeder sofort einen Fleck auf der Kleidung. Er lebte sein Leben mit meiner Langhaardackeldame Gucki, meinem geliebten ersten Hund nach dem Krieg.

Katerle – sag mir, ob es einen Katzenhimmel gibt! Warum sind denn so viele Menschen böse auf euch? Weil ihr so beweglich seid? So akrobatisch? Die vier Stockwerke, von denen ich erzählt habe und die du hinuntergestürzt bist, die kann niemand überleben. Man sagt, weil ihr auf die Beine fallt. Na danke! Wieso habt ihr Beine, die das aushalten? Wieso warst du damals nicht blutüberströmt? Nichts. Nichts Sichtbares. Alles wie immer. Kein Weinen, kein Miauen. Nichts. Aber was weiß ich von deinem Schock? Ich weiß doch nicht, wie oft du schon auf der Welt bist. Es heißt schon in der griechischen Mythologie, Katzen haben neun Leben.

Neben meinem Beruf fing ich an, ein bissl zu zeichnen und zu malen. Überall, wo ich war. In meiner Theatergarderobe, im Auto, Häuser, Türme, Kirchen, Bäume …

Ein Freund von uns, Professor der Akademie, riet mir: »Hör auf mit dem blöden Theaterspielen, mal lieber!« Aber sag einer Katze, sie soll ihre Krallen nicht benützen.

Schnurrli war mein erstes Modell, aber Katzen zu zeichnen ist ein Unterfangen, das nicht aufgeht. Sie strahlen einen an. Kaum nimmt man einen Stift zur Hand, drehen sie sich um. Man geht ihnen nach, an einen anderen Platz, es ist dasselbe. Sie fühlen, dass man sie zeichnet, und das erlauben sie nicht.

Mit dem Fotografieren ist es etwas anderes. Da drängen sie sich vor. Auch, wenn das Fernsehen kommt. Da posieren sie selbstgefällig, wie unlängst mein Kater.

Natürlich sind auch ohne ihr Zutun immer wieder Katzenbilder entstanden. Und so freute ich mich, als mich Josefstadtdirektor Franz Stoß während der Produktion der *Katzenzungen*, die dann ewig lang in den Kammerspielen angesetzt war, aufforderte, Zeichnungen für das Programmheft zu machen. Die Umschlagzeichnung gestaltete ich als Konfektschachtel. Es ist zwar lang her, aber diese Striche sind noch da.

Ich sitze und meine Gedanken durchstreifen mein Leben und finden immer wieder Katzenerinnerungen. Ich möchte nie mehr ohne Katze (oder Kater) leben.

KAMMERSPIELE

b

KATZENZUNGEN * Vincenz Raupenstrauch jun.

Jetzt, wo ich das alles aufschreibe, kommt mir erst unser unendliches Katzendasein zu Bewusstsein.

Wenn man dann ein Tier verliert, bemüht man sich, den Schmerz möglichst bald zu überwinden. Ich nehme es mir immer schon zu Lebzeiten vor und hoffe, wir haben ihm ein schönes Leben geschenkt. Dann müssen wir auch ertragen, dass wir uns trennen müssen. Außerdem glaube ich, dass in jeder unserer Katzen immer etwas von der vorherigen existiert.

Es gibt einen Autor, dem ich immer wieder begegne. Aus seinem schönen, für mich so interessanten *Prater-Buch* verwende ich Texte in meinem Vortragsprogramm. Aber dass er ein Katzenliebhaber war, wusste ich nicht:

Katzen

Wie die Pekinesen unter den Schoßhündchen seit einiger Zeit die gesuchtesten sind, hat die Perserkatze heute mehr und mehr …

Doch viele Leute fallen einem augenblicklich ins Wort: »Hunde? Ja, die sind folgsam und treu. Aber sprechen Sie mir nicht von Katzen! Das sind falsche, tückische Biester.« Dann gibt es Leute, die haben überhaupt keine oder eine unfreundliche, wenn nicht gar eine gehässige Beziehung zu allem Getier. Freilich, es scheint, diese Leute werden jetzt immer seltener. Deshalb wollen wir sie ganz aus dem Spiel lassen. Mit ihnen zu diskutieren, wäre zwecklos. Ihnen fehlt der Sinn für die Kreatur, fehlt das Empfinden für die Seele der »stummen Brüder«. Eine Welt bleibt ihnen verschlossen, erfüllt von Schönheit, von wunderbaren Geheimnissen, von Tragik und Humor. Wenn sie antworten, sie hätten an Geheimnissen, an Schönheit, Tragik und Humor bei den Menschen reichlich genug, hört das Gespräch von selbst auf, denn jedes Wort ist da ohnehin für die Katz'.

Diejenigen aber, die Hunde lieben, sind nur von

Vorurteilen, vom Schall abgebrauchter, ungerechter Redensarten befangen, wenn sie ihr Herz den Katzen verschließen. Den Hunden schenken sie ihre ganze Sympathie, weil der Hund bedingungslose Ergebenheit zeigt; weil er die grausamste Misshandlung duldet und seinen noch so harten Gebieter trotzdem über alles hinweg liebt. Sicherlich hat es immer Sadisten gegeben, die gar kein inneres Verhältnis zu dem demütigsten Geschöpf der Erde besitzen und die einen Hund nur halten, um ihre pervertierten Triebe an dem armen Opfer auszutoben, das Brutalität mit unterwürfiger Zärtlichkeit vergilt. Der Hund mag das glückseligste Wesen dieser Welt sein, weil er ja seinen Gott leibhaftig vor sich hat, er muss aber auch gelegentlich ein Martyrium erdulden, dessen beständige, namenlose Qual kaum auszudenken ist. Ganz wenig Hunderassen gibt es, die sich der Tyrannei ihres Gottes rasch und heftig widersetzen.

Der Mensch stellt Ansprüche an das Tier, dem er seine Gunst zuwendet. Das ist die Regel. Und der Hund hat den Menschen in diesem Punkt verwöhnt. Das gehört mit zur Regel. Gehorsam wird gefordert. Der Hund leistet ihn blindlings. Schmeichelei, Bezeigungen rasender Freude, wenn man heimkehrt, Wachsamkeit, Opfermut und Treue, all das wird verlangt und alles leistet der Hund in Hülle und Fülle. Ich will nichts gegen den Hund sagen. Er war mir zeit meines Lebens Gefährte, ist es bis heute und wird es bis an mein Ende sein. Seit Jahrzehnten bin ich zur Erkenntnis gelangt, wie unnötig, ja wie unmöglich es bleibt, einen Hund zu prügeln. Bin seit Jahrzehnten von der anmaßenden, sinnlosen Manie, einem Hund Amüsierkunststückchen beizubringen, abgekommen. Einzig bei zweckhaften Diensten, wie sie etwa den Jagdhunden durch Atavismen im Blut und in den Nerven liegen, gestatte ich mir Korrekturen, wo sie notwendig werden. Doch die Menschen, die so geringschätzig, so feindselig von den Katzen reden, will ich daran erinnern, dass man stets am schönsten mit einem Tier zusammenlebt, wenn man nichts, gar nichts von ihm verlangt. Weder Gehorsam noch das Ertragen von »Strafen«, weder Schmeichelei noch Opfermut. Will sie daran erinnern, dass der Mensch jedenfalls, also auch in solch einem Fall, vom Tier mehr empfängt, als er dem Tier gibt.

Widerwille gegen Katzen? Nicht einmal die Feindschaft zwischen Hund und Katze ist so ganz naturecht, wie man oft glaubt. Sie mag vor mehr als tausend Jahren entstanden sein, als die Katze aus Ägypten in Gegenden kam, wo Hunde beim Menschen wohnten. Es war zuerst wohl Eifersucht auf die neue Hausgenossin; blieb dann der Gegensatz des Hörigen zum Freien. Und wurde vom Menschen immer und immer wieder geschürt. Ohne etwas zu denken, ohne etwas dabei zu fühlen, mutwillig und aus Lust, einem Kampf zuzuschauen, der nicht immer gleiche Chancen hatte. Ein Prinz (das geschah vor etwa dreißig Jahren) befahl einmal, den großen Saal seines Schlosses leer zu räumen, befahl die Meute seiner Hunde in den Saal, ließ eine Katze los, und sah dann von der Musikempore ergötzt den »Spaß« mit an, wie die unglückliche Katze gehetzt wurde, wie sie sich verzweifelt und tapfer wehrte und wie sie zuletzt, von ihren Feinden zerfleischt, starb. Glücklicherweise gibt es Fälle, die beweisen, dass die Tiere sich lang nicht so tierisch benehmen wie jener Prinz. Drei Terrier kenne ich, unbändige Temperamente, doch sie halten ihre Mahlzeit friedlich aus einer Schüssel und sie bezeigen der Mieze, die mit ihnen speist, größte Höflichkeit. Wenn sie einer Katze begegnen, die sie mit hochgekrümmtem Rücken anfaucht, staunen sie, ziehen sich diskret zurück, und ihre Mienen sagen deutlich: ach, wir stören! Einen Wolfshund gibt es, ein grimmiger Bursche, doch mit zwei Katern pflegt er kordialen Umgang. Es ist sein liebstes Spiel, abwechselnd den Kopf des einen und des anderen Katers in den Rachen zu nehmen. Der ganze schöne Kopf des Katers verschwindet, nach etlichem scherzhaften Haschen und Entwischen, im Rachen des Wolfshundes und man meint, jeden Moment werde man die Knochen knirschend bers-

71

ten hören, werde hören, wie der eingeschlungene Schädel zermalmt wird. Allein nichts dergleichen passiert. Die Katzentiere wälzen sich wohlig in dieser Umklammerung, langen mit den Hinterpfoten sanft zur Schnauze des Hundes, der sie endlich freigibt, um sie dann zärtlich zu waschen. Ein kleiner schwarzer Rattler, sehr stramm und sehr energisch, ist einem schneeweißen Kater der ergebenste Kamerad. Freilich, vor der Futterschüssel versteht er keinen Spaß, worüber der Miezekater nie aufhört, sich zu wundern. Die Tiere haben nämlich ebenso verschiedene Charaktereigenschaften, ebenso verschiedene Gemütsanlagen wie die Menschen. Nur, dass sie aufrichtiger sind und absolut nicht lügen können. Beispiele des guten Einvernehmens zwischen den angeblich naturgewollten Gegnern ließen sich in Menge anführen. Diesmal sei bloß noch der riesenhafte Otternhund erwähnt, ein scharfes Tier, das von seinen mörderischen Zähnen hin und wieder furchtbaren Gebrauch machte. Allein, dem winzigen gelben Kätzchen war er willenloser Sklave. Des Abends holte er die Kleine regelmäßig von der Mansarde, wohin sie sich begeben hatte, um aufs Dach zu steigen. Er trug sie im Maul die zwei Stockwerke herunter, bis zu ihrem gemeinsamen Bett in der Diele. Nie wäre er schlafen gegangen ohne die Mieze, und er hielt philiströs darauf, ausgiebig zu ruhen. Dass die Katzen

Nachtschwärmer und Herumtreiber sind, konnte er gar nicht begreifen.

Es gibt ja auch viele Menschen, die sich nicht bewusst werden, dass die Katzen, die in unseren Häusern, in unseren Stuben mit uns leben, eigentlich wie ungefährliche Tiger sind, wie kleine handliche Löwen und Panther. Freie Raubtiere, voll Selbstständigkeit und Stolz, unabhängig, ungebändigt. Immer bereit, jeden Augenblick fähig, den Kampf ums Dasein für sich allein aufzunehmen und zu bestehen. Man muss sie beobachten, wenn sie auf Wiesen und Feldern jagen. Man muss eine Katze im Wald antreffen, wie sie Fasane und Hasen schlägt. Daheim liegt sie dann am Ofen und spinnt, oder sie streicht schnurrend um die Beines ihres ... nein, ihres Herrn darf man gar nicht sagen, denn die Katze hat keinen Herrn, kennt keinen Herrn. Sie ist mit einigen Menschen höchstens befreundet. Oft geschieht es, dass solch eine Katze ganz im Wald bleibt und sich den Menschen völlig entfremdet. Sie sei verwildert, heißt es dann. Aber diesen Ausdruck deute ich mir immer dahin: sie führt die Existenz eines Wilderers. Denn ein wildes Tier ist sie ja und hat niemals aufgehört, eines zu sein. Auch das wildeste Tier gebärdet sich keineswegs immer wild; so hat denn die Katze ihre sanften, ihre liebenswürdigen Stunden. Und sie bleibt ungefähr das interessanteste Raubtier, weil sie es als einziges versteht, sich der menschlichen Nähe, der menschlichen Behausung wie eines großen Komforts zu bedienen.

Nur wer diese Tatsache wirklich erkennt, wird zu Katzen in das richtige Verhältnis kommen. Mit ihnen hat ein Stück Natur, ungezähmt und nicht bezähmbar, den Weg zu uns gefunden. Einen geheimnisvollen, wunderlichen Weg, der noch nicht ganz aufgehellt wurde. Wie ja die lose Gemeinschaft, die sie mit uns pflegen, geheimnisvoll und wunderlich bleibt. Immerhin, auch die Katzen bieten für das wenige, das sie vom Menschen empfangen, enorm viel. Ganz abgesehen davon, dass die Geringfügigkeit, die wir ihnen geben, durch all die zahllosen Quälereien und Verfolgungen reichlich aufgewogen erscheint, die sie oft genug von den Menschen erfahren. Schon ihr Anblick ist Augenweide. Sie haben Löwenwürde, Panthergrazie, Tigerschönheit. Eine unvergleichliche, stumme Musik gleitet durch ihre Bewegungen, lebt in ihrem weichen Schritt, in ihrem anmutigen Sprung, in ihrem ruhevollen Dasitzen, in ihrem genusshaft faulen Ausgestrecktliegen. Eine zierlich heitere Menuettmelodie begleitet, nur den Augen vernehmlich, ihr entzückend munteres Spiel. In dieser Musik ihres Gehabens, in diesem wohltuenden Rhythmus ihrer Gebärden spricht lässige Kraft, sprechen zauberhafter Humor und entschlossene

Tapferkeit ebenso wie klug beherrschtes Gemüt und immer waches Selbstbewusstsein. Niemals braucht man eine Katze zu bürsten oder zu säubern; hat es niemals nötig, sie mühsam dazu anzuhalten, dass sie zimmerrein wird. Sie ist durchaus adelig in ihrem Eifer, jeden Schmutz verächtlich zu meiden, durchaus pedantisch genau in der Art, wie sie sich unermüdlich pflegt und putzt. Besonders nach nächtlichen Liebesabenteuern und Kämpfen.

Ich betrachte Fotos von Katzen lange und mit großem Vergnügen. Herrliche Porträts sind das, wahrhaft künstlerische Charakterbilder von Katzen, die wahrhaft charakteristische Persönlichkeit besitzen: die fröhlich angefärbten Siamesinnen, die schlanke Ägypterin, die prächtige Angorakatze und die beinahe dämonisch schöne Perserin. Dabei erinnere ich mich der vielen Katzen in den nächtlichen Straßen von Kairo und Stambul, erinnere mich ihres fantastisch tollen, von Hungern wie von Liebe bewegten Treibens; der behäbig-feierlichen Bürgerkatzen in Holland, der Katzen, die ich in den Feldern und im Wald mancher Jagdreviere schleichen sah; der Kater, die bei Vollmond in meinem Garten konzertieren und so beredsam klagende, so beredsam kreischende, fauchende, so dramatisch-zornig ausbrechende Töne haben. Derweil hockt mir die alte weiße Katze auf der Schulter, schlägt ganz leicht ihre Krallen in den Rock, stößt ihren feinen, lieben Kopf ruckweise mir unters Kinn, und ihr Schnurren, dieses köstliche Schnurren, klingt mir ins Ohr. Es geht durch ihren ganzen zierlichen Leib, dieses laute, zärtliche Schnurren, und sagt immerzu: »Mir ist so wohl! Mir ist so wohl!«

Man muss einsehen, dass man von den Tieren nichts verlangen darf, nichts von den Hunden, von den Katzen schon gar nicht. Der Hund überschüttet uns ohnehin mit seiner enthusiastischen Liebe, mit seiner unbegrenzten Hingabe. Sein Vertrauen in den Menschen kann kaum so arg missbraucht oder enttäuscht werden, dass es jemals aufhören würde,

Vertrauen zu sein. Die Katze dagegen prüft erst, abwartend, den menschlichen Gefährten, ihr Zutrauen muss man erwerben, muss es verdienen. Ganz frei erwählt sie ihre Freunde, wendet sich frei und unbekümmert von ihnen ab, wenn es nicht echte Freunde sind. Sie lässt sich nichts Böses gefallen und setzt sich mit Krallen wie mit Zähnen kühn gegen jede Misshandlung zur Wehr. Hat man ihre Neigung gewonnen, dann wird einem auch ihre Liebkosung, die doppelt wohltut, weil sie wie ein Geschenk, wie auszeichnender Dank, wie spontan und echt gewährter Lohn wirkt. Ein anderer Umgang mit den Menschen, als einer von gleich zu gleich, bleibt ihr unmöglich. Was ist da falsch an ihr, oder gar tückisch? Es ist notwendig, sich jeglichen Hochmutes zu entledigen und allem Fordern zu entsagen. Man soll doch nur erwägen, wie viel es bedeutet, wenn ein Wesen, das früher einmal eine Gottheit war und heute noch ein wildes, freies, stolzes Raubtier ist, sich so sanft und leutselig zeigt.

KAREL ČAPEK

Noch einmal die Katze

Kann mir jemand erklären, warum es die Katze in seltsamer Weise erregt, wenn man sehr hoch und dünn pfeift? Ich habe das Phänomen an englischen, italienischen und deutschen Katzen erprobt. Es gibt keinen geografischen oder nationalen Unterschied. Besonders wirksam ist die hoch und dünn gepfiffene Barcarole aus *Hoffmanns Erzählungen*. Da beginnt Miez sich fasziniert an Ihnen zu reiben, springt Ihnen auf den Schoß, beschnuppert erstaunt Ihre Lippen und beginnt zuletzt in einer Art gereizter Liebe an Ihrem Mund oder an Ihrer Nase zu nagen, wobei sie verderbt wollüstig dreinschaut. Worauf Sie das Pfeifen natürlich einstellen und Miez heiser und emsig wie ein kleiner Motor zu schnurren anhebt.

Ich habe oft und lange darüber nachgedacht, doch weiß ich bis heute nicht, welch uralter Trieb die Katze zwingt, Pfeifen zu vergöttern. Ich glaube nicht, dass es irgendwann in der Urzeit so war, dass Kater dünn pfiffen, statt mit ehernem und rauem Bariton zu rufen, wie sie es jetzt tun. Vielleicht gab es in alten, wilden Zeiten irgendwelche Katzengötter, die zu den gläubigen Katzen durch magisches Pfeifen sprachen. Doch das ist nur eine Hypothese und die erwähnte musikalische Verzauberung bleibt eines der Geheimnisse der Katzenseele.

Katzen lernt man so kennen wie Menschen. Glaubt man. Die Katze ist eine Sache, die eingeringelt auf dem Lehnstuhl liegt, manchmal ihren Katzeninteressen nachstrolcht, einen Aschenbecher herunterwirft und die meiste Zeit in leidenschaftlichem Genuss von Wärme zubringt.

Doch das Geheimnis des Katzenwesens lernte ich erst in Rom kennen, und zwar darum, weil ich dort nicht eine Katze beobachtete, sondern fünfzig, eine ganze Katzenherde. Es war im großen Katzenbassin am Trajan-Forum, wo zwischen gestürzten Sockeln und Statuen das unabhängige Katzenvolk lebt. Sie nähren sich von Fischköpfen, die ihnen gutmütige Italiener zuwerfen, und tun sonst offensichtlich nichts.

Nun, dort wurde mir klar, dass die Katze nicht einfach eine Katze ist, sondern etwas Rätselhaftes und Undurchdringliches. Dass die Katze ein wildes Tier ist. Wenn man zwei Dutzend Katzen schreiten sieht, überrascht einen die plötzliche Erkenntnis, dass sie nicht schreiten, sondern schleichen. Die Katze ist unter Menschen nur Katze. Die Katze unter Katzen ist ein schleichender Schatten im Dunkel des Dschungels. Die Katze hat zum Menschen offenbar Vertrauen. Der Katze aber misstraut sie, weil sie sie besser kennt als wir. Man sagt »Hund und Katze« und meint damit einen Typ gesellschaftlichen Misstrauens. Nun, ich habe oft intime Freundschaft zwischen Hund und Katze, niemals aber Gleiches unter Katzen beobachtet, von der Liebe der Geschlechter natürlich abgesehen.

Die Katzen auf dem Trajan-Forum ignorieren einander ganz augenfällig. Wenn sie auf einer Säule sitzen, tun sie dies mit dem Rücken gegeneinander und zucken nervös mit dem Schweif, um solcherart kundzutun, wie unliebsam sie die Gesellschaft der Schlampe da empfinden. Wenn eine Katze die andere ansieht, zischt sie sogleich. Wenn sie einander begegnen, gibt es kein Umsehen. Sie kennen kein gemeinsames Interesse. Sie haben einander nie etwas zu sagen. Im äußersten Falle vertragen sie sich unter verächtlichem und abweisendem Schweigen.

Aber mit dir, Mensch, spricht die Katze. Sie gurrt dich an, sie blickt dir in die Augen und sagt: »Öffne mir, Mensch, die Türe da! Gib mir, du Vielfraß, etwas von deinem Essen. Sag etwas. Streichle mich. Lass mich auf meinen Lehnstuhl.« – Für dich ist sie kein wilder, einsiedlerischer Schatten. Für dich ist sie einfach die Hausmiez, weil sie dir vertraut. Das wilde Tier ist ein Tier, das misstraut. Die Domestikation ist einfach der Zustand des Vertrauens.

Aber auch wir Menschen sind nur dann nicht wild, wenn wir vertrauen. Wenn ich – angenommen beim Verlassen des Hauses – dem ersten biederen Bürger, dem ich begegne, misstraute, würde ich dumpfe Gurgeltöne hervorbringen und während der Annäherung die Sprungsehnen meiner Schenkel spannen, um ihm beim ersten verdächtigen Zwinkern an die Gurgel zu springen. Wenn ich den Leuten misstraute, mit denen ich in der Straßenbahn fahre, müsste ich mich mit dem Rücken zu ihnen drehen und schnauben, um sie zu verscheuchen. Stattdessen hänge ich demütig und friedlich am Haltegriff und lese meine Zeitung und biete ihnen meine ungedeckte Flanke. Auf der Straße gehend, denke ich an meine Arbeit oder an gar nichts – wenn das nur möglich wäre! – und schere mich nicht darum, was mir die Passanten etwa antun könnten. Es wäre schrecklich, wenn ich sie aus dem Augenwinkel beobachten müsste, um festzustellen, ob sie sich vielleicht anschicken, mich zu fressen. Der Zustand des Misstrauens ist der Urzustand der Wildheit. Misstrauen ist das Gesetz des Dschungels.

Eine Politik, die von der Pflege des Misstrauens lebt, ist eine Politik der Wildnis. Eine Katze, die dem Menschen misstraut, sieht in ihm nicht einen Menschen, sondern ein wildes Tier. Das Band gegenseitigen Vertrauens ist älter als alle Zivilisation, und Menschheit bleibt Menschheit. Zerstört ihr den Zustand des Vertrauens, wird die Welt der Menschen eine Welt von Bestien.

Und damit ihr es wisst: Ich gehe jetzt hin und streichle meine Miez. Sie gewährt mir großen Trost, denn sie vertraut mir, und wenn sie auch nur ein kleines graues Tier ist, das sich zu mir aus irgendeinem Hinterhof verirrt hat, sind wir doch Kameraden.

Sie schnurrt und blickt mich an. »Mensch«, sagt sie, »kraule mich zwischen den Ohren!«

MIT DEM WORT KATZE wird komisch umgegangen. Bei Hunden oder bei anderen Tieren gibt es das nicht, aber wenn eine Dame ein bissl übertrieben gekleidet ist oder ein bissl mehr hergerichtet, sagt jeder gleich: »Hast die Katz geseh'n?« Ich möchte nur wissen, warum. Denn »Hast den Hund geseh'n?« sagt keiner zu einer Frau oder zu einem Mann. Ich weiß nicht, warum man zu einer durchzechten Nacht sagt: »Der hat einen Kater!« oder »einen Katzenjammer«.

»Katzen sind falsch«. Wie falsch dieser Satz ist. Falschheit entsteht nur in der Überlegung des Menschen. Ungeheuerlich der Gedanke, dass ein Tier nicht aufrichtig sein soll.

Meine Erzählungen über Katzen sind selbst erlebt. Es kann jeder, der mit Katzen zu tun hat, stundenlang davon erzählen. Mir geht es genauso. Wenn ich jemanden treffe, nur wenn ich zum Beispiel in mein Schuhgeschäft gehe, kommt die Verkäuferin gleich auf mich zu: »Also, ich sag Ihnen, ich hab eine Katze, also was ich mit der erleb …« Aber sie braucht mir gar nichts zu erzählen. Ich weiß alles. Ich weiß vieles, nicht alles.

»Nein, nein, nein, ich halt's nicht aus. Ich kann nicht mehr. Ich bin am Ende. Ich kann nicht mehr nach Hause gehen.« Ich stürze auf sie: »Ja, was ist denn? Was haben Sie denn? Ist was passiert?«

»Ja, ja, oder vielleicht nein. Es ist nichts passiert. Es passiert immer.«

»Bitte, was heißt das? Fehlt Ihnen etwas?«

»Nein, im Gegenteil, ich hab zu viel.«

»Was haben Sie denn zu viel?«

»Katzen! Sie lebten in einem Stall, keiner hat sich um sie gekümmert. Ihre Speisen waren Mäuse. Diesen Bericht hielt ich nicht aus. Jetzt wohnen die auch noch bei mir.

Nicht zur Freude meiner anderen Tiere. Die Stall-Katzen streiten, raufen, kratzen meine Tapeten ab. Sie schwingen sich am Luster. Sie klettern überall hinauf. Werfen alles hinunter, was zu werfen ist. Sie raufen miteinander und schreien. Schlafen kann ich seitdem überhaupt nicht mehr. Sie liegen auf meinem Kopf und spielen miteinander. Mein Hund, mein Mops, liegt auf meinen Füßen, und sie lassen ihn nicht schlafen. Sie quälen auch ihn. Wie soll man das aushalten? Einmal habe ich sie alle hinausgeschmissen, um eine Nacht zu schlafen.«

»Na, dann müssen Sie schauen, dass Sie sie woanders unterbringen!«

»Nein, nein, um Gottes willen, ich lieb sie ja so.«

Dieses Gespräch führte ich gestern mit einer Dame. Eigentlich sind wir Masochisten, wir lassen uns alles gefallen und schlagen nicht zurück.

Unsere Nachbarn zur linken Seite waren zwei strenge alte Damen, die mit ihrer Katze im Garten an der Leine spazieren gingen und ständig »Sissy« »Sissy« in hohen Tönen riefen, aber diese Katzenliebe war keine echte.

Sie sagten: »Wir lassen die Katze nicht sterilisieren, sie soll keine Schmerzen haben, da töten wir sie lieber.«

ELFRIEDE OTT

Sissy

»Sissy, Sisserle, Sissyherzi, du kleines Mauserl; sei schön brav; nein, das darf man nicht.

Hörst du auf? Du, ich wird dich gleich – da wirst aber dann schauen! Komm mein Einziges;

wenn ich dich nicht hätt; wir gehör'n zusammen, gelt? Was tät ich ohne dich, beide wären wir allein, wenn wir uns nicht hätten. Pfui, lass das; schau dich an, wie du wieder ausschaust!

Nie hätt ich gedacht, dass es so weit kommen wird; niemanden hab ich mehr, nur dich, du süßes Henderl. Das darf man nicht! Du! Einmal noch und ich zeig dir, was ich mach mit dir; deine arme Mutter so sekkieren, sitz, komm, bleib stehn, siehst nicht, dass ich nicht so schnell kann? Hab ich das nötig, dass ich mich so mit dir abplag, zieh mich nicht! Mach da happi. Jetzt g'fallts dir, gell? Bist lieb, bist schön; aus! Ja, so is brav; schau mich doch an; musst du mir so das bissl Leben verbittern, was ich noch hab; wenn dich der Karl sehn könnt, wie du mich quälst! Der hätt dich nicht im Haus behalten; der hätt dich weggejagt, weil er kein Herz gehabt hat; verjagt hätt er dich; mit Steinen hätt er nach dir geworfen, wenn er bemerkt hätte, dass ich dich so lieb hab. Aber das kann er jetzt nicht mehr; jetzt kann er mir dich nicht mehr wegnehmen; jetzt gehörst du mir, und ich gehör dir, bis ich sterbe, meine kleine geliebte Seele. Du weißt, wie gut es dir geht, gell, schau mich nur an mit deinen schönen Augen; die sagen es mir; du kannst ja sprechen mit ihnen, ich versteh dich; komm her, du hast ja da was picken beim Aug, pfui, das ist grauslich, schämst du dich nicht, warum musst du dich immer auf der Erde wälzen, so schön hab ich dich gebürstet; ich bin mit dir gestraft, nein, nein, nicht springen, nicht laufen, hör auf, du ziehst mich, du hängst dich ja auf! Der geht dich nichts an mit seinem Gebell, der dumme Hund; der regt dich immer so auf, das tut der absichtlich; aber du bist brav; du kommst schön zu deiner lieben Mama; die hat dich lieb; hast Hunger, Liebling? Ja, kriegst gleich was. Jetzt waren wir schon lang an der Luft; das wird uns schon zu viel sein, gell. Jetzt gehen wir wieder hinein, ich koch dir was Gutes, was gehen uns denn die Leut an; komm!«

Ein kleiner Hintergarten in Ottakring, von alten Büschen umdichtet.

Aus den Büschen starren Katzenaugenpaare in den Garten. Jeden Tag. Wie verabredet. Um drei Uhr nachmittags erscheinen sie zur täglichen Betrachtung. Sie rühren sich nicht. Bewegung würde sie verraten. Sie kauern nicht in Beutestellung. Sie sind auch nicht entspannt. Eher starr. Beobachtend. Zur Stelle. Frau Wiesinger ist nie unbeobachtet. Obwohl sie davon überzeugt ist.

Jeden Tag, wenn sie zwischen drei und vier Uhr nachmittags aus ihrem Haus herauskommt, um mit ihrem Liebling in den Garten zu gehen.

Sie hat die kleine Katze einmal gefunden und Spuren eines Kampfes an ihr entdeckt. Seitdem beschützt sie sie. Keiner soll ihr mehr was tun.

Die kleine Katze trägt ein Riemenzeugerl, an das Frau Wiesinger täglich um drei Uhr eine lange Schnur bindet, die sie fest in der Hand behält.

Die fremden Katzen starren.

Neulich hatte Frau Wiesinger den Besuch einer Dame. Sie saßen im Garten unter einem Baum und plauderten von vergangenen Zeiten. Frau Wiesinger umklammerte die Schnur, an deren Ende Sissy kauerte und mit ihren Prachtaugen sprach. Auch sie führte ein Gespräch. Einen Multilog mit Augenpaaren in Büschen.

»Meine Sissy ist so unruhig in letzter Zeit. Sie kommt in die Zeit; gib Ruh! Sie schreit in der Nacht, nimmt keine Rücksicht auf mich; sie hat mich nicht lieb; so bist du brav. Dass das Geschlechtsleben alles zerstören muss im Leben. Mein seliger Mann, was hat der mir angetan; ich halt das nicht aus, wenn du nicht Ruh gibst; sitz! Ich habe meine Sissy zu lieb, ich werde sie töten lassen müssen; entschuldigen Sie, ich kann mich nicht beherrschen, ich kränk mich so, ich wollte Ihnen nichts vorweinen, aber es ist ein so fürchterliches Schicksal.«

Frau Wiesinger steigert sich in einen Weinkrampf. Die Augenpaare starren. Heute ist Sondervorstellung. Sissy versucht einen Schmetterling zu fangen. Im Sprung spannt sich die Schnur, der Sprung endet in einem für sie schmerzhaften, schnurgerissenen Salto. Starren.

»Weinen Sie nicht, Frau Wiesinger. Ich helfe Ihnen. Ich nehme Ihnen den Weg ab. Geben Sie mir Sissy für einen Nachmittag. Ich kenne einen Tierarzt. Wir lassen sie sterilisieren und Sie haben Ihren Liebling, wie Sie ihn brauchen. Und Sissy hat keine Probleme mehr.«

Frau Wiesinger ist ohne Bewegung. Sie starrt. Sie weiß nicht, dass der Ausdruck ihrer Augen vielpaarfach empfangen wird. Sie spürt nichts als sich; nein, das ist verboten; ich liebe; sie wird sterben; weil ich sie zu sehr liebe; sie darf keine Schmerzen haben; ich liebe; mein Kind muss sterben; auch das bleibt mir nicht erspart; ich habe in meinem Leben schon so vieles durchlitten; auf das kommt es auch nicht mehr an; meine Sissy; mein armes, kleines Geliebtes.

Frau Wiesinger verabschiedete ihren Besuch, um endlich wieder allein zu sein mit ihrem Todeskandidaten.

Es war vier Uhr, sie zerrte die Katze ins Haus.

ICH HATTE ENDLICH WIEDER GELEGEN-
HEIT, mich bei Tieren aufzuhalten. Den
Kopf an ein weiches Pferdemaul zu lehnen –
ein bissl Glück zu empfinden. Aber sie können
einen auch überraschen: Sie machten einen unvor-
hergesehenen Schritt, und ich flog im Bogen herunter.

Aber die Überraschungen bei Katzen sind seltsamer und eindrucksvoller.

Diese weichen Pfoten, aber wie schnell scharfe
Krallen herauskommen.

Ich stehe mit meinem Trainer plaudernd im
Reitstall. An der Leine hatte ich meinen geliebten
Dackel Gucki. Plötzlich ein Schrei. Von mehreren
Seiten stürzten Katzen auf meinen kleinen Hund.
Ich nahm ihn in den Arm und lief davon. Ich
rannte die Straße hinunter, mein kleines blutendes
Wesen in den Armen. Warum der Überfall? Uner-
klärlich. Es ist lange her. Gucki lebt nicht mehr. Sie
ist aber achtzehneinhalb Jahre alt geworden und
hatte die Eigenschaft, Steine zu schleppen. Bis in
ihr hohes Alter, große Steine. Auch rätselhaft. Aber
Hunde sind durchschaubarer als Katzen.

Barbara Rütting ist eine Kollegin, mit der ich nie
zusammengekommen bin. Sie hat auch ihre Kat-
zen-Gedanken. Es ist schön, dass ich sie hier mit
einem Text begrüßen kann:

Auch ein Kater hat seine Probleme

Manche Menschen denken, wir Tiere seien dumm, wir könnten nicht denken. So was Blödes! Ich glaube nämlich, wir Tiere sind viel klüger als Menschen.

Habt ihr schon mal einem Menschen zugesehen, der versucht, eine Fliege zu fangen? Zum Totlachen! Und wenn es ihm wirklich gelingt, dann frisst er sie nicht einmal auf. Dabei ist gerade so eine Fliege eine Delikatesse.

Ich bin ein Meister im Fliegenfangen. Ich habe da eine tolle Technik: Ich springe in die Luft und schlage von oben blitzschnell zu. Haps!, schon habe ich sie verspeist.

Ich fange alles, auch Mäuse, Maulwürfe, Vögel – aber Vögel, das ist so ein Kapitel für sich. Davon erzähle ich euch später.

Neulich ist mir aber was ganz Blödes passiert beim Fliegenfangen. In unserer Familie wird sehr aufgepasst, dass wir die Umwelt nicht verschmutzen. So kaufen wir kein Spray; kein Haarspray, kein Schuhspray und also auch kein Spray gegen Insekten. Mit dem Spray ist das nämlich so: Das

Gas zerstört die gute Atmosphäre, die unsere Erde umgibt. Und wenn viele Leute immer wieder Spray in die Luft sprühen, kann es so weit kommen, dass eines Tages alle Menschen krank werden. Uns wird das noch nicht passieren, aber vielleicht den Kindern und Enkelkindern. Und die sollen doch auch in einer schönen Natur leben, sagen Barbara und Lutz. Damit haben sie ganz recht, finde ich.

Also neulich brachte nun Barbara einen Fliegenfänger mit nach Hause. Wie ihr euch vorstellen könnt, gibt es im Sommer auf einem Bauernhof viele, viele Fliegen. Sie befestigte den Fliegenfänger mit einem Reißnagel an der Küchendecke. Von dort baumelte er lustig auf den Tisch herunter.

Ein Fliegenfänger sieht aus wie ein gelbes Band, ist klebrig und riecht ganz süß, wie Honig. Wenn die Fliegen davon naschen wollen, bleiben sie kleben. Das ist zwar furchtbar für die Fliegen, aber leider geht es nicht anders. Sonst legen sie nämlich Eier in den Käse, und wenn man dann beim Abendbrot ein Stückchen davon abschneiden will, purzeln einem die dicken Maden entgegen.

Ich hatte noch keine Bekanntschaft mit so einem Fliegenfänger gemacht, aber das sollte kommen. Eine ganz dicke fette Fliege surrte um das Ding herum. Und da dachte ich mir, ehe die Fliege dran kleben bleibt, kann ich sie genauso gut verzehren.

Ich sprang also auf den Tisch und langte mit der Pfote nach der Fliege. Aber: Ich schlug zu heftig zu und traf den Fliegenfänger. Gleich klebte er an meiner Pfote. Die Fliege haute natürlich ab.

Sie lachte sich eins, glaube ich. Sie setzte sich nämlich auf unseren grünen Kachelofen, putzte sich die Flügel und beobachtete, wie ich mit der freien Pfote versuchte, die andere, festgeklebte vom Fliegenfänger loszukriegen. Doch da klebte die auch fest! Je mehr ich zog, desto mehr klebte alles. Auf den Hinterbeinen balancierend, zog ich mit den festgeklebten Pfoten an dem verdammten Fliegenfänger – da riss er ab und fiel mir auf den Kopf.

Die olle Fliege auf dem grünen Ofen brummte so laut vor Lachen, dass sie sich bestimmt in die Hosen gemacht hat.

Natürlich wäre es vernünftiger gewesen, ruhig zu bleiben, aber ich geriet richtig in Panik, und dadurch wurde alles nur noch schlimmer. Mit den Hinterpfoten versuchte ich, den Fliegenfänger vom Kopf zu streifen. Dabei schlang er sich auch noch um meinen Hals. Ich vollführte einen wahren Kriegstanz, um mich aus dem Ding rauszuwinden. Schließlich wickelte er sich wie eine Spirale um meinen ganzen Leib. Wie ich so verzweifelt auf dem Küchentisch rumhopste, kam Barbara in die Küche.

»Malefizbua!«, schrie sie. Damit war ich gemeint. Das ist österreichisch und heißt auf Deutsch etwa Teufelsbraten.

Sie nahm in beide Hände Papier und drehte mich vorsichtig aus der Fliegenfängerspirale heraus. Dabei wurde sie auch noch klebrig. Dann steckte sie den Fliegenfänger in den Ofen, und er brannte sofort lichterloh.

Keine einzige Fliege war an ihm dran. So habe ich noch den Fliegen das Leben gerettet, ohne es zu wollen.

Barbara wollte mich abwaschen, mit Wasser und Seife! Das gab sie aber bald auf, weil ich so meckerte und mich sträubte.

»Du mit deiner rauen Zunge kannst das sicher viel besser, Fettucini«, sagte sie und sah zu, wie ich mich putzte.

Aber, ach du grüner Kater! Hatte ich zu arbeiten, bis ich wieder einigermaßen sauber war!

MIT EINEM SPRUNG zur nächsten Katze. Er war ein winziger, roter Tigerkater, die Gage vom Tierschutzverein für einen Auftritt im Mozartsaal. Ich war entzückt und setzte den kleinen Kater auf den Flügel, an dem mich Professor Erik Werba begleitete. Die kleine Katze bewegte sich kaum, nur auf ihr bewegten sich Hunderte Flöhe, die wahrscheinlich den ganzen Mozartsaal besetzten. Anschließend zogen die Flöhe mit ihm in unsere Wohnung. Der kleine Kater bekam den Namen Julius und schlief am liebsten im Badezimmer in der Waschmuschel. Ich glaube nicht, dass sich die Flöhe dort wohl gefühlt haben.

Wir kratzten uns noch tagelang.

Er wuchs und wurde ein schöner, großer Kater. Wir liebten ihn sehr und er beherrschte uns bald alle. Julius hatte Augen, vor denen man sich etwas fürchten musste. Mit Recht! Untertags saß er des Öfteren auf dem Kamin, seinem Lieblingsplatz, um zu warten, dass einer von uns vorbei ging. Jeder bekam von ihm eine Watschen. Und meinen kleinen Pudel, das Muserl, begann er zu tyrannisieren. Er verfolgte sie, trieb sie in eine Ecke und zeigte ihr Zähne und Krallen.

Es musste etwas geschehen.

Um Muserl zu schützen, ließen wir ihn, als wir in unser Landhaus hinauszogen, bei meiner Mami in der Stadt. Dort hat er sich so schlecht benommen! Er hat, statt sein Kisterl zu benützen, Möbel und Teppiche beschmutzt und überall seine Marke hinterlassen. Mami war verzweifelt. So holten wir ihn zu uns in das neue Haus, und von diesem Augenblick an war er nur mehr der sanfte, liebe Julius. Er hat gewusst, dass das eine Strafe war. Das Muserl brauchte sich nicht mehr vor ihm zu fürchten.

FELIX SALTEN

Mieze aus dem See

Als er aus dem runden Loch der Badehütte hinaus in den See stieß, sah er einen kleinen weißen Wollknäuel langsam auf der Wasserfläche treiben. Erst beachtete er das weiße Ding gar nicht, sondern nahm mit ruhigem Tempo die gewohnte Richtung. Er war allein, denn um diese Mittagsstunde badete sonst niemand vom Hause. Der See blitzte und funkelte nur so, wie ein Spiegel, den man in die volle Sonne hält. Es roch nach Fischen, nach feuchtem Holz, nach Laub und Harz vom Wald, der bergab bis ans Ufer trat. Die Luft war voll Hitze, voll Kraft und wunderbar frisch. Er hatte, wie immer in solcher Stunde, ein heißes Gefühl von Glück, Reichtum und frischer Kraft. Einmal noch blinzelte er zu dem weißen Paketchen hinüber, ohne zu wissen warum. Dann noch einmal. Und da kam ihm die Neugierde, die Hilfsbereitschaft, kamen rasch durcheinander allerlei Vermutungen. Er machte kehrt und schwamm rasch auf das weiße Rätsel zu. Ein Lappen, kaum größer als eine Faust, ein Stückchen Frottierhandtuch? Doch wie er in die Nähe gelangte, merkte er: es war ein Tierfell, ein schneeweißes. Unter den Haaren, die klatschnass an einem zarten Leib klebten, sah er die Haut blassrosa erschimmern. Er griff danach: ein Kätzchen. Kaum drei oder vier Wochen alt. Und elend ertrunken! Die eine Hand erhoben, trägt er die kleine Erbärmlichkeit zurück in die Badehütte. Tot … oder noch zu retten, dachte er, na, das wird sich zeigen.

Drinnen legte er den feinen, winzigen Körper, der ganz schlapp und leblos ist, behutsam auf das blanke Brett, darauf er sich selber nach dem Schwimmen eine Weile zu rekeln pflegt. Zuvor hält er das Kätzchen an den Hinterbeinen hoch, Kopf nach unten, streicht ein bisschen über Bauch und Brust. Dem hilflosen, rosaroten Mund entquillt einiges Wasser. Gut. Wenn's nicht hilft, schadet's auch nicht. Damit lässt er die Unglückliche liegen. Das Brett glüht beinahe, weil die Sonne, die jetzt ganz hoch steht, es schon seit Stunden überflammt.

Jetzt schwimmt er wieder hinaus, langsam, genießerisch, taucht, dreht sich auf den Rücken, paddelt, übt das angenehme Wassertreten. Es dauert lange. Manchmal vergisst er, was in der Badehütte, auf dem Sonnenbrett sich befindet. Manchmal erinnert er sich daran und empfindet vages Mitleid. Er will nicht wissen, wie das junge Kätzchen sein Leben verlor … oder … in Lebensgefahr geriet. Das Dorf ist weit weg von seinem Haus, dort oben, mitten im Wald. Vielleicht hat irgendein harter Kerl das arme, kleine Ding ersäuft. Einfach gepackt und ins Wasser geschleudert. Vielleicht haben Kinder spielend zum Vergnügen die Untat verübt. Kinder sind gelegentlich noch härter, noch böser als Erwachsene. Er wird nicht nachforschen, will lieber nichts wissen. Viel zu viel hat er schon von den Dorfbewohnern erfahren und mag sich nicht noch mehr verbittern. Verbitterung ist überhaupt nicht seine Sache. Er hält wenig davon, glaubt, man könne in diesem Zustand nichts Ordentliches ausrichten.

Er kehrt endlich zurück, schlüpft durch das runde Loch in die Badehütte, richtet sich im Wasser auf, das grün und ruhig darinnen spiegelt, und da – ein ganz leiser, ganz dünner Ton, fast unhörbar, dennoch dringt er einem tief ins Gemüt.

Das Kätzchen liegt ohne Regung, mit geschlossenen Augen. Sein Fell ist noch ein wenig feucht, aber schneeweiß und warm. Vollständig erschöpft ist das Kätzchen, aber lebendig. Und wie im Schlaftraum klagt es, leise vor sich hin, leise in sich hinein. Er steht, bis zur Hüfte noch im Wasser, und schaut erfreut, schaut voll Mitleid auf das kleine Tier. Was für eine Distanz, fällt ihm ein, denn er hat die Gewohnheit, dass er sich selbst immer in Beziehung zu jeder Kreatur bringt, was für eine Distanz zwischen mir und diesem kleinen Geschöpf. Ich, gesund, stark, von Lebensfreude erfüllt – mein Gott – und dieses schwache, bewusstlose Ding, aus dem Dasein gestoßen, ohne Schuld und ohne zu ahnen, warum; dem Tod entronnen, ohne zu ahnen, wieso.

Leise und melodisch klingt das beharrliche Jammern des Kätzchens. Luft und Rührung empfindet er, während er dasteht und lauscht. Es gleicht dem stillen Klagen kleiner Kinder, dem Piepsen junger Vögel im Nest. Er schaut das Kätzchen an, das sich immer noch nicht rührt. Ein Kindergesicht. Schön, anmutig und von jenem Zauber, den erster Lebensanfang, den Unwissenheit und hilflose Unschuld über das Antlitz winziger Babys breitet. Er entdeckt, welch eine nahe, welch eine erschütternde Verwandtschaft alle lebende Kreatur während ihrer frühen Kindheit einigt.

»Baby ...«, sagt er, als er dann bereit ist, nach Hause zu gehen, »Baby«, hebt das Kätzchen auf und nimmt es mit.

Daheim legt er es in der Veranda auf ein kretonbezogenes Kissen. »Strandgut«, erklärt er den Seinigen. Man ruft Treff herbei, den schönen, nobeln Pointer. Baby liegt auf dem Kissen, hat die Augen immer noch geschlossen und miaut, schon etwas lauter, dafür umso kläglicher; doch bei alledem melodisch. Verwundert steht Treff davor. Seine langen Ohren baumeln großartig nieder, wie er den Kopf schief hin und her dreht und mit schwer gerunzelter Stirne auf das winzige, miauende Wunder herunterschaut. Er wedelt langsam, blickt dann fragend zu seinem Herrn auf: »Was soll's damit?« Der Herr klopft ihm den glatten, festen Rücken und antwortet: »Wir müssen aufpassen, dass Baby nichts Schlimmes passiert.«

Der Hund wedelt ein wenig rascher. Er ist einverstanden.

Das kleine Mädchen sagt: »Schlimmes ist dem Baby schon genug passiert ...« Und man merkt, das Mädchen hat alle Mühe, nicht in Weinen auszubrechen. Denn Baby flötet seinen Jammer beständig vor sich hin.

»Es ist ganz allein ...«, sagt das Mädchen.

Der ältere Bruder, auch noch ein Knirps, betrachtet Baby mit sachlicher Teilnahme. »Es träumt«, meint er. »Es träumt jetzt, wie es hat sterben müssen, und darüber weint es.«

Der Hund blickt jedem, der redet, voll ins Gesicht, schaut dann wieder zu Baby nieder und wedelt. Er stimmt allem, was gesagt wird, unbedingt zu.

Dann fasste er einen selbstständigen Entschluss und begann das Kätzchen mit seiner warmen Zunge zu waschen. Eifrig und methodisch. Eine dringende Notwendigkeit schien freilich kaum vorhanden, weil ja die jammernde Kleine Wasser genug bekommen hatte. Aber Treffs warme, wischende Zunge war doch besser als das kühle Seewasser, war zärtlich und heilsam.

Baby öffnete die Augen und hob den Kopf. Vielleicht war ein dumpfes Erinnern an mütterliche Liebkosung durch den ohnmächtigen kleinen Körper geglitten; jedenfalls, das Kätzchen schickte sich an, zu erwachen. Es war noch unfähig, den Kopf aufrecht zu halten. Der schwankte benommen hin und her. Die Augen konnten noch nichts wirklich sehen und blickten, wie verschlafen, stier vor sich hin. Aber in den taumelnden Bewegungen dieses Gesichts, im verschleierten Blick dieser Augen war ein reizender Ausdruck von Kindheit und Früh-Morgen-Stimmung.

Plötzlich schnappt Treff zu, hebt den Kopf und nun hängt Baby in seinem Maul, wie das Lamm des Goldenen Vlies-Ordens.

Die Kinder schreien, die Mutter, das Fräulein. Alle zugleich. Ein kurzer Schrei des Schreckens.

Treff jedoch macht erstaunte Augen und wedelt.

Der Vater meint: »Habt keine Angst. Treff weiß offenbar, was er will.« Und beschwichtigend fügt er rasch hinzu, weil die Kinder zu schluchzen beginnen: »Ich lass doch Baby kein Leid geschehen. Dazu hab ich sie doch nicht aus dem Wasser gezogen!«

Die Kinder lächeln, obgleich sie noch kein rechtes Vertrauen zu Treff fassen können.

Unterdessen ist Treff, der beständig wedelt, mit seiner Beute aus der Veranda gelaufen, über den weißen Kiesplatz, auf dem die erste Nachmittags-

sonne brütet, rennt nun ein paar Schritte im heißen, duftenden Gras und bettet dort das Kätzchen.
Dann legt er sich dicht daneben nieder. Der Mund
steht ihm weit offen, die Zunge lappt ihm heraus.
Es scheint, als ob Treff stumm, aber herzlich
lache.

»Nein, Kinder!«, ruft der Vater lustig. »Kinder,
der Treff ist gescheiter als wir alle. Da, in der
Veranda, haben wir ja Schatten bekommen, nicht
wahr? Kühlen Schatten. Baby aber braucht jetzt
Sonne, vor allem gute, warme Sonne. Und da hat
der brave Kerl …«

Die Kinder sind einen Augenblick baff. Dann rufen
sie: »Treff! Treff!« Und wollen nun auch hinüberlau-
fen ins Gras, wo das winzige weiße Fleckchen still
zwischen grünbüschelnden Halmen sichtbar ist.

»Bleibt«, bittet der Vater, »lasst die beiden allein. Das ist am besten.«

Später, während die Familie beim Mittagmahl sitzt, lockt Vater Treff heran, um ihm wie täglich das Futter zu reichen.

Aber Treff kommt nicht. Und er muss doch Hunger verspüren.

»Na, Treff, was ist denn mit dir?«, fragt der Vater zur Wiese hinüber.

Dort hebt Treff das Haupt mit lauschenden Ohren und gerunzelter Stirne. Die Bewegung bei ihm zeigt, wie er heftig wedelnd das Gras peitscht.

»Soll ich dir dein Essen hinbringen?«, fragt der Vater.

Der Hund rührt sich nicht vom Fleck, wedelt nur noch stärker, worauf der Vater den Futternapf nimmt und ihn zum Hund hinüberträgt.

Baby liegt zur Seite ausgestreckt, den kleinen Körper gedehnt. Sie miaut nicht mehr. Sie schläft einen tiefen Schlaf, den ihr die heiße Sonne ins Blut schickt.

Gierig fällt der Hund über sein Futter her. Doch er steht dabei nicht einmal auf, will Baby nicht verlassen.

Als der Vater an den Tisch zurückkehrt, berichtet er: »Der Treff nimmt seine Aufgabe sehr ernst. Es ist alles in Ordnung.«

Dann verstreicht der Nachmittag. Die Kinder sind in den Bergwald gegangen, von Mutter und Fräulein begleitet. Der Vater hat gelesen und war im Dorf auf dem Postamt.

Beim ersten Niedersinken der Dämmerung ist alles wieder vor dem Hause versammelt.

Da sehen sie, dass der kleine weiße Fleck im Gras sich regt. Alle treten an den Wiesenrand. Baby torkelt auf wackeligen Beinen umher. Nun miaut sie wieder, laut und verlangend. Sie wackelt und fällt, kugelt und tappt. Anmutig ist jede ihrer Bewegungen, Anmut der Unbeholfenheit. Aber kläglich, wie sie miaut. Treff ist beunruhigt.

»Hunger!«, begreift die Mutter. Holt aus der Küche ein Schälchen Milch. Und alle schauen erheitert zu, wie Baby zögernd zu trinken anfängt. Mit rosigem Näschen schnuppernd, mit feiner, rosiger Zunge schöpfend, vorsichtig, nobel, appetitlich.

Die Nacht schläft sie bei Treff, auf seiner Matratze. Dicht an seine warme Flanke geschmiegt.

Den andern Morgen ist sie so frisch, als sei sie nicht schon beinahe ertrunken gewesen. Die Kinder haben ihr einen kleinen Ball aus Zwirn gegeben, den sie an einem Faden halten und tanzen lassen. Baby tanzt mit dem Ball. Sie hat den Blick ihrer Augen sprühend, lauernd, jagdeifrig und spielfreudig nur auf den Ball gerichtet. Sie schlägt nach ihm mit den Pfoten. In ihrem Tanz, in ihren Sprüngen, in ihrem Pfotenschlagen ist eine wilde und zugleich kindliche Grazie.

Der Hund bewacht sie aufmerksam und neugierig.

Manchmal spielt er mit ihr und ist dabei sehr behutsam, während Baby weder Rücksicht noch Scheu kennt. Sie steht etwa einmal auf den Hinterbeinen und ohrfeigt ihn nach Noten. Eine Weile hält er wie dumm geworden sein Gesicht hin. Dann zuckt er weg oder rollt Baby mit sachter, schonender Pfote auf den Rücken. Aber da stößt sie ihm ihre Hinterbeine mit gleichzeitigem, schnellem Rucken unters Kinn, bis er sie freigibt und jagende Springkreise um sie zieht.

Schließlich ruhen sie eng aneinander geschmiegt.

Der Vater sieht ihnen zu und denkt von Baby: »Dieses winzige, nette Geschöpf hat schon einen Tod erlitten und ist zu neuem, zu zweitem Leben erwacht.«

Wenn ein Besucher jedoch über die unzertrennliche Freundschaft von Hund und Katze staunt, sagt Vater leichthin und sachlich bloß: »Ja, mein guter Treff ist Mutter geworden.«

ERINNERUNG: Wir bauen ein Haus im Grünen, inmitten der Weinberge in Maria Enzersdorf.

Ein Lebenswunsch geht in Erfüllung! Wir haben noch keine Einrichtung. Ein leeres Haus ist etwas Wunderbares! Kein Stück, das zu viel ist. Keines fehlt. O ja, zwei Stücke wohnen schon drinnen. Ein hölzerner Fisch und eine alte Tiroler Bauernkrippe. In mir ist ein ungeheures Glücksgefühl.

Wir besitzen ein Haus! Meine Tiere nehmen es bereits in Besitz. Mein kleiner Hund Muserl und unser Kater Julius, der gleich das ganze Haus untersucht, vom Keller bis ins Obergeschoss, wo er dann einen Platz findet. Wir sehen einander (es waren auch noch Freunde hier) erstaunt an.

Ein erschreckender Geruch verbreitet sich. Der kommt von oben – in unserem neuen Haus!

Der Kater hat seinen Besitz markiert. Aber gleich so ausführlich?!

In dem Moment läutet es. Kaspar, Melchior und Balthasar stehen vor der Tür – und begehren Einlass. Sie verneigen sich und segnen uns mit Weihrauch. Wir verständigen uns mit vielsagenden Blicken. »Bitte, könnt ihr auch den oberen Stock segnen? Viel Weihrauch wird dem neuen Haus guttun!«

Die Kinder gehen hinauf, beweihräuchern alle Ecken. Es war eine Wohltat. Sie konnten eine größere Summe in ihren Korb sammeln und gingen, nachdem sie die Tür beschriftet hatten, Weihrauch spendend bis zum Gartentor. Sie wussten wahrscheinlich nicht, warum wir uns bei ihnen so besonders bedankten.

Eine Folgegeschichte hatte dieser Besuch. Ein Möbelstück habe ich in meiner Beschreibung vergessen, das auch schon im Haus war: Es war ein Fauteuil, den Hans Weigel aus seinem Elternhaus wiederbekommen hatte. Eine Nachbarin hatte ihn während der Emigration der Familie gehütet. Nach der Rückkehr von Hans war dieses Möbelstück wieder in seinen Besitz gelangt. Es war ein mit einem Stoff in Tigerfellmuster überzogener Fauteuil. Der musste den kleinen Königen Eindruck gemacht haben. Viele Jahre danach erzählte mir der Vater eines der Kinder, sein Bub sei damals heimgekommen und habe ganz aufgeregt erzählt, dass diese neuen Leute in der Barmhartstalstraße lauter Tigerfelle und Löwenzähne in ihrem Haus hätten: Das müssen Großwildjäger sein.

Ob unser roter Tigerkater zu diesem Eindruck beigetragen hat?

Eine Begebenheit erlebten wir oft: Einen Schrei unserer Nachbarin. Was war geschehen?

Julius schlich des Öfteren in die nachbarschaftliche Wohnung, besuchte die Küche, zog alle mit vielen Dingen angefüllten Laden heraus und verteilte sie in der Küche. Er hatte wieder einmal versucht, Lebensmittel herauszuholen, um etwas Fressbares für sich auszusuchen. Julius fraß alles auf, was er fand. Wir baten immer um Entschuldigung. Wenn er wieder heimkam, schaute er uns so unschuldig an, als ob nichts passiert wäre. Trotzdem verlangte er bei uns nach seinem Nachtmahl. Nach einiger Zeit kam eine neue Küche in das Haus unserer Nachbarin. Mit Laden, die kein Tiger hätte aufmachen können!

Ich hatte eine von mir sehr geliebte Tante, die Schwester meines Vaters. Sie war klein, etwas pummelig und was mich an ihr anzog und mich mit ihr verband, war ihr grenzenloser Humor.

Ich konnte mit ihr blödeln. Wir machten uns über alles lustig. Es gab nur zwei Dinge, für die sie jeder Humor verließ. Sie war so schrecklich ängstlich. Sie fürchtete sich vor Tieren und vor dem Wasser, in dem wir im Sommer schwammen. Sie kam aus Kroatien und nahm sich immer Zeit, uns zu besuchen. Ich freute mich sehr auf diese Zeit, die sie bei uns verbrachte.

Einmal hatte sie wirklich Grund, sich zu schrecken. Mitten in der Nacht hörten wir ihre Angstschreie und stürzten ins Zimmer, wo Tante Lucie bleich und bewegungslos aufrecht im Bett saß.

Sie schrie: »Ein Einbrecher! Ein Einbrecher! Hilfe! Überfall! Er klopft unter meinem Bett!«

Wir lachten natürlich und dachten, sie spielt Theater. Sie war ja schließlich meine Tante. Aber es klopfte und scharrte wirklich unter ihr.

Wir knieten nieder und zogen die Bettlade hervor, aus der unser Julius, ein besonders großes Tier, herausgesprungen kam.

Tante Lucie schrie und jammerte noch eine ganze Weile weiter.

Mein guter Kater Murr ist ein Begriff, den ich mein Leben lang kenne. Es ist ganz klar, dass er und sein herrlicher Autor hier nicht fehlen können:

Lebensansichten des Katers Murr

Ach mein guter Kater Murr! Kenntest du den Lauf der Welt, so würdest du einsehen, dass ein Philister, der stets die Fühlhörner einzieht, es am besten hat. Aber wie kannst du wissen, was ein Philister ist, unerachtet es wohl in deinem Geschlecht auch dergleichen genug geben mag. Bei diesen Worten des Meisters konnte ich mich im Bewusstsein der vortrefflichen Katerkenntnis, die ich mir durch des wackern Muzius Belehrungen sowohl als durch eigene Erfahrung erworben, eines lauten freudigen Prustens und Knurrens nicht erwehren. Ei, rief der Meister laut lachend, ei Murr, mein Kater! Ich glaube gar, du verstehst mich, und der Professor hat recht, der in dir einen besondern Verstand entdeckt haben will und dich gar fürchtet als seinen ästhetischen Nebenbuhler? Zur Bestätigung, dass dem wirklich so sei, gab ich ein sehr klares, wohltönendes Miau von mir und sprang ohne Weiteres dem Meister auf den Schoß. Nicht bedacht hatte ich indessen, dass der Meister gerade seinen Staatsschlafrock von gelbem, groß-geblümtem, seidenem Zeuge angezogen, den ich notwendigerweise beschmutzen musste. Mit einem zornigen: Will er wohl! schleuderte der Meister mich so hefig von sich, dass ich mich überpurzelte und ganz erschrocken die Ohren ankneifend, die Augen zudrückend, niederduckte auf den Fußboden. Gepriesen sei aber die Gutmütigkeit meines guten Meisters! Nun, sprach er freundlich, nun, nun Murr, mein Kater! So böse war es nicht gemeint! Ich weiß es, deine Absicht war gut, du wolltest mir deine Zuneigung beweisen, aber das tatst du auf täppische Weise, und geschieht dieses, so fragt man freilich den Henker was nach der Absicht! Nun, komm nur her, kleiner Äscherling, ich muss dich putzen, damit du wieder aussiehst wie ein honetter Kater! Damit warf der Meister den Schlafrock ab, nahm mich in die Arme und ließ es sich nicht verdrießen, mir mit einer weichen Bürste den Pelz rein zu bürsten und dann die Haare mit einem kleinen Kamm glänzend zu kämmen.

DAS ERSTE JAHR IN MARIA ENZERSDORF, ein Haus, ein Garten, glücklich mit einer zugelaufenen zärtlichen Katze. Wir kamen bald darauf, wem sie gehörte, erfuhren, dass sie auch Schnurrli hieß und sie blieb bei uns. Wir haben allerdings nicht bemerkt, dass sie Kinder erwartete.

Fritzi, die beste Katzenmama der Welt, richtete schon alles her, Leintücher, Handtücher. Sie versprach mir, mich zu holen, wenn es soweit sei.

Sie kamen in einer Nacht im Oktober zur Welt.

Fritzi stürzt in der Früh in mein Zimmer: »Sie sind da! Sie sind da! Es sind drei! Ich konnte dich nicht wecken und holen. Es war dazu keine Zeit mehr, es ist alles so rasch gegangen. Die ersten zwei waren so plötzlich da, und beim dritten hatten Schnurrli Probleme und ich große Angst um sie. Dann kam es endlich zur Welt und

hat sich kaum bewegt, und ich war gar nicht sicher, ob es lebt. Ich war so aufgeregt und versuchte ihm zu zeigen, was zu tun war. Die zwei ersten waren schon von Schnurrli trockengeleckt und lagen schon an ihrem Bauch. Der dritte hat noch immer nicht reagiert, und ich hab ihn zum Trinken zwingen müssen. Endlich ist es mir gelungen. Dann ist noch ein viertes nachgekommen. Da wäre die Schnurrli fast gestorben – es hat nicht mehr gelebt, als es geboren war. Sie sind alle drei weiß, haben ein schwarzes Schwanzerl und einen schwarzen Fleck am Kopf.«

Ich wünschte, Fritzi hätte mich geweckt – ich wäre gern dabei gewesen!

Die kleinen Katzen verbrachten ihre Kindheit bei uns. Dieses Glück, ihnen zuzuschauen, wie sie heranwuchsen. Sie erlebten bei uns den Winter und den ersten Schnee. Die kleinen Katzen bekamen einen Platz bei Freunden. Der Kater blieb bei uns. Wir gaben ihm den Namen Flocki, weil er so weich und weiß war. Er hat alles mit sich machen lassen und war wahrscheinlich durch seine schwere Geburt ein bisschen geschädigt. Er war eine Schönheit, aber etwas langsam im Denken!

Bald nachdem wir unser neues Haus bezogen haben – das war ohnedies schon eine aufregende Sache –, da schreit auf einmal unser Kater Flocki wie am Spieß.

Wir haben immer gerufen: »Wo bist du denn?«, haben ihn aber nicht gefunden.

Das ganze Haus und den Dachboden haben wir abgesucht. (So lernten wir unser Haus bis in den letzten Winkel kennen.) Wir suchten und suchten. Nichts. Ein klägliches Miauen war die einzige Antwort.

Endlich fanden wir eine Stelle, aus der das Schreien kam: vom Entlüftungsschacht in der Küche, den wir nicht öffnen konnten. Also die Feuerwehr? Wir hatten Bedenken. Nur weil unser Hauskater unauffindbar ist? Es war auch schon ziemlich spät. Aber die Angst um den Kater …

Minuten später hörten wir schon den andauernden Alarmton: ta tü – ta tü ….

Die braven Männer sind dann mit einer riesengroßen Leiter von außen auf das Dach hinaufgestiegen, um den Ausgang vom Schacht zu finden. Ohne Erfolg. Sie durchsuchten noch den ganzen Dachboden. Kein Ergebnis. Inzwischen hatte auch unser Kater zu schreien aufgehört.

Da haben sie gesagt: »Frau Ott, es tut uns leid, aber wir finden ihn nicht. Es ist schon dunkel, wir kommen morgen wieder.«

Wir haben uns mit einigen Weinflaschen sehr herzlich bedankt und gesagt: »Es war so toll, dass Sie gleich gekommen sind«, und: »Sie können ja nichts dafür, dass der Kater verschwunden ist.«

Kaum war die Türe zugemacht, da kommt er, mit hoch erhobenem Schweif, die Treppe herunter: »Miau – miau – miau.« Wir hörten sein Gelächter.

Viele Jahre später hat mich die Feuerwehr zu ihrem Fest eingeladen und mich gebeten, ich soll ein bissl was vortragen. Das hab ich natürlich auch getan und dann habe ich unvorsichtigerweise diese Geschichte erzählt. Und als ich gedacht habe, die werden jetzt furchtbar lachen, ist plötzlich eisiges Schweigen eingetreten. Na, da hab ich etwas angerichtet!

Ich habe gemerkt, wie sie plötzlich ganz ernst wurden, weil sie damals versagt hatten. Um darüber zu lachen, fehlte ihnen leider der Humor!

Einmal schrie Flocki erbärmlich im Nachbargarten – er saß unter einem Baum und fand nicht mehr nach Hause. Wir mussten ihn holen und heimtragen. Er fing so gerne Grillen und wir hörten sie noch in seinem Maul zirpen.

Und was noch keine unserer Katzen gemacht hat: Er rutschte uns immer vor Freude am Rücken liegend und robbend auf dem Gartenweg entgegen, wenn wir heimkamen. Man konnte ihn nur lieben!

Julius hat uns nach vielen Jahren verlassen, und Juliane ist bei uns eingezogen. Sie war eine junge Siamkatze: blaue Augen – klein – ganz schlank – wie eine Schlange – wunderschön – eigenwillig – intelligent – gewöhnungsbedürftig. Sie war eine Einzelgängerin, war überall oben wie ein kleiner Affe, tanzte auf der Lichtrampe herum, rutschte über den Kamin wieder herunter, machte aber nie etwas kaputt. Sie hat lange gebraucht, sich in unsere Tier-Großfamilie einzufügen.

Es gab jetzt auch noch einen Wachhund, die Mizzi, die sich vor Gewitter fürchtete und am liebsten auf dem Sofa schlief, und die kleine Stasi, die die Aufgabe hatte, die große Lücke, die das Muserl hinterlassen hatte, zu füllen. Juliane musste also mit

zwei Hunden und drei Katzen Freundschaft schließen. Sie fand die Lösung: sie ignorierte sie, sie
begann ein Eigenleben zu führen und wurde wei-
cher und liebevoller. Sie war auch gerne im Arbeitszimmer von Hans.

Er hat sie sehr gern gehabt. Obwohl er nicht von
vornherein ein Tierfreund war, aber das hatte sich ja
inzwischen geändert.

Und diese Katze hat ihm was Furchtbares angetan.

Wir waren auf Urlaub und als wir zurückgekom-
men sind, war sein Schreibtisch mit seinen ganzen
Schreibsachen und allen Manuskripten angepischt!
Angepischt!! Sie muss tagelang gearbeitet haben!
Ja, das war die Siamkatze Juliane.

Aber trotzdem nahm er es hin. Er hat kein Wort
gesagt. Er hat immer die schwersten Schicksals-
schläge hingenommen, als wenn nichts wäre, weil
er erkannte, dass es nicht Zorn, sondern Liebe war.

ELFRIEDE OTT

DU – KATZE

Unter dem Blick unserer Katze Juliane
Katze Du sprichst – was sagst Du?
Katze Du blickst – wohin?
Du Ehrfurchtgebietende,
lass mich verstehen
Dein Ich – Dein Wissen – Dein Sein.
  I c h   w e i ß ,   d a s s   D u   w e i ß t –
  Du Rätsel Du Frage
  Die Antwort gibst Du,
  die heißt: Wenn du wüsstest!
  Du Doppelleben, das Du nicht preisgibst
  Du schlaue Hinterslichtführerin
    Du Schillerwesen Du Anschleichspur
    Du lebendes Geschoss
      Du Meerestiefblick
      Du Mystiksymbol
        Du Einschmeichlerische
        Du Weltfremde
          Du Brutalakt
            Du Lauerwache
              Du Nachtschrei
                Du Scheinschläferin

Du Blitzgefährlichkeit
Du Eigentümlerin
Du Wärmeschläferin
Du Unsverächterin
Du Liebeerzwingerin
Du Liebeablehnerin
Du Formvollendung
Du Weiche Du Scharfe
Du Kralle Du Blitz
Du Stolze
Du Liebe
Du –

ICH KENNE EPHRAIM KISHON SO GUT. Ich habe im Theater in der Josefstadt mit Fritz Muliar sein Stück *Es war die Lerche* gespielt. Jeder Satz war für uns Schauspieler ein Geschenk: Romeo und Julia sind in ihrem Alter noch immer beisammen. Shakespeare mischt sich ein. Chansons von Gerhard Bronner erweiterten das Stück. Man kann sich als Schauspieler nichts Komödiantischeres wünschen. Aber keine Katze hat mitgespielt.

EPHRAIM KISHON

Die Katze als Wille und Vorstellung

Seltsam, was einem so alles widerfahren kann an einem unscheinbaren Sonntagabend. Es begann damit, dass das israelische Nationaltheater Habimah anlässlich einer Europa-Tournee ein Drama unseres Nobelpreisträgers Agnon spielte und ich mich im Zürcher Schauspielhaus einfand, um, voll des patriotischen Stolzes, diesem künstlerischen Ereignis beizuwohnen.

Der Vorhang ging hoch, das Spiel begann, und als er sich nach zwei Stunden unter tosendem Beifall senkte, da wusste ich alles Wissenswerte über die wunderbare Welt der Schweizer Katzen.

Meine diesbezüglichen Bildungslücken begannen sich just in dem Moment zu schließen, da sich auf der Bühne die erste zarte Knospe der Liebe entfaltete. Mein Nachbar zur Linken beugte sich an mein Ohr und flüsterte mir leidenschaftlich zu:

»Wissen Sie, ich bin zwar nicht mosaischen Glaubens, und ich verstehe auch kein Wort Hebräisch, aber ich bin hingerissen!«

Ich ordnete den Mann gedanklich in die schütteren Reihen der sympathischen Philosemiten ein.

Mein dankbarer Blick fiel auf einen der typischen Schweizer unserer Tage. Sein schnurgerader Mittelscheitel schien vom Erbauer eines alpinen Tunnels gezogen worden zu sein. Seine Begeisterung erschien mir durchaus ehrlich zu sein. Umso erstaunter war ich, als er plötzlich mitten im ersten Akt aufstand und sich mit etlichen »Pardons« an den Knien der Zuschauer vorbei dem Ausgang entgegenzwängte.

»Bitte, mein Herr«, flüsterte er mir vor seinem Abgang zu, »halten Sie meinen Platz frei.«

Vielleicht ist's die Natur, die auf ihr Recht pocht, sagte ich mir. Doch nein, eine kurze Weile danach – auf der Bühne tobte eben ein höchst dramatischer Konflikt –, da hörte ich wieder etliche »Pardons« näherkommen, und eine mir völlig unbekannte Dame nahm den Sitz zu meiner Linken ein.

»Grüezi, alles in Ordnung«, wisperte sie mir zu, »ich bin seine Gattin.«

Des Rätsels Lösung wurde mir in der Pause offenbart, als mich meine neue Nachbarin im Foyer zu einer Erfrischung einlud, um mir über ihr Limonadenglas hinweg Folgendes zu erläutern:

»Es ist wegen Lucy«, begann sie, »so heißt unsere Katze. Einfach Lucy. Sie verträgt es nicht, allein gelassen zu werden. Also wechseln wir uns immer ab, Martin und ich.«

Ich suchte nach irgendeiner versteckten Ironie in ihren Worten, aber vergebens. Oder vielleicht war sie zu gut versteckt. Martins Gattin war offensichtlich nicht nach Scherzen zumute. Sie blieb völlig ernst. So ernst, wie eben nur eine Zürcher Bürgerin zwischen zwei Akten eines hebräischen Theaterstücks sein kann.

»Gestatten Sie mir eine Frage«, gestattete ich mir zu fragen, »was würde geschehen, wenn Sie Lucy allein ließen?«

»Sie würde sich langweilen. Sie ist an unsere Gesellschaft gewöhnt, seit sie ganz klein war.«

Und wieder: die totale Sachlichkeit. Keine Ironie, kein Schimmer eines Lächelns, nicht einmal die Spur eines Gänsefüßchens vor den Worten.

Ich nahm zur Kenntnis, dass die Dame Schweizerin ist und als solche andere Probleme hat als unsereiner. Aber …

»Aber«, versuchte ich es nochmals vorsichtig, »bringt das nicht Ihre Lebensgewohnheiten durcheinander? Ich meine Ihre Ehe und so …«

»Das wohl«, konzedierte meine Sitznachbarin, »aber schließlich haben wir gegen Lucys Willen geheiratet.«

Und nun enthüllte sie mir die ganze Geschichte. Als Martins heutige Gattin noch Junggesellin war, ließen sich ihre Eltern scheiden. Papa erhielt das Sorgerecht für die Villa und den Wagen, Mama hingegen bekam Lucy. Dann aber verliebte sich Mama in einen Arzt, der seine Wohnung nie verlassen konnte, weil sein Papagei sonst melancholisch würde und sich die Federn ausrupfen könnte.

Also musste Mama beim neurotischen Papagei einziehen, während das Sorgerecht für Lucy an die Tochter delegiert wurde. Woraufhin die Tochter nie mehr ihre Wohnung verlassen konnte, aus Angst, dass sich die Katze langweilen könnte.

»Martin«, vertraute mir meine Nachbarin an, »hat mir übrigens zwei Jahre lang über die Gegensprechanlage an der Haustür den Hof gemacht.«

Fast gegen meinen Willen begann mich die Sache zu faszinieren.

Ich hatte einmal eine haarsträubende Gruselgeschichte von Edgar Allan Poe gelesen, die davon handelte, dass ein Mann sich einen Keller baute und in einem Anfall von Zerstreutheit eine schwarze Katze einmauerte. Zum ersten Mal begann ich dieser Zerstreutheit ein gewisses Maß von Verständnis entgegenzubringen.

»Ich hoffe, Sie nicht mit meiner Neugier zu belästigen«, sagte ich, »aber warum konnte Martin nicht heraufkommen? Ich meine, warum musste er bei der Gegensprechanlage verweilen?«

»Weil er einen Hund hatte.«

Überflüssig anzumerken, dass auch dieser Hund Schweizer war und sich daher strikt weigerte, von irgendjemand anderem spazieren geführt zu werden als von Martin.

An dieser Stelle dürfte es sich als opportun erweisen, den Fluss der Handlung zu unterbrechen, um die Lage kurz zusammenzufassen.

Also der Arzt hatte Hausarrest wegen Polly, dem traurigen Papagei. Mama zog es zu dem in seiner Bewegungsfreiheit eingeschränkten Arzt, ihre Tochter hingegen wurde als Gesellschaftsdame für die einsame Lucy verpflichtet, wohingegen Martin mit seinem Hund auf der Straße stand und durch einige kleine Löcher in der Haustür süße Worte wisperte.

Was mich betraf, so stieg meine Ehrfurcht vor Edgar Allan Poe ins Unermessliche.

»Natürlich hätten wir gerne geheiratet, Martin und ich«, erinnerte sich Frau Martin, »aber wir mussten wegen Lucy und dem Hund noch manches Jahr warten.«

»Aber«, ich blieb hartnäckig, »haben Sie, gnädige Frau, niemals erwogen, einen von beiden aufzugeben? Ich meine den Hund oder die Katze …«

»Was? Sich von einer lebenden Kreatur trennen, die von einem abhängig ist? Niemals!«

Es handelt sich um Schweizer, wie gesagt. Martin und sein Hund, Frau Martin und Lucy, die Katze, ebenso wie die Mama und der Arzt. Sogar Polly, der Papagei. Alles Schweizer. Sie haben 700 Jahre lang keinen Krieg geführt und mit irgendetwas *muss* sich der Mensch doch befassen, oder?

Gegen Ende der Pause zeichnete sich die ersehnte Lösung ab. Martins Hund segnete wegen hohen Alters das Zeitliche. Der gebrochene Mann wollte sich das Leben nehmen und erhängte sich, doch seine stark entwickelte Nackenmuskulatur rettete ihn, und es kam endlich zu jener lang ersehnten Hochzeit, die ja schon über die Gegensprechanlage in allen Details besprochen worden war.

»Die Schwierigkeit war nur die«, erklärte meine Nachbarin, »dass Lucy gewisse Vorbehalte gegen Martin hatte.«

Wer weiß, vielleicht roch sie den verblichenen Hund an seinen Kleidern. Vielleicht nahm sie aber auch Anstoß an seinem alpinen Mittelscheitel. Wie auch immer, Martin musste lange Monate um Lucys Zuneigung ringen. Noch heute geht Martin täglich in die Altstadt, um beim Katzenfleischer für Lucy frische Hühnerleber zu erstehen.

Stolz holte Frau Martin einige Fotos von Lucy hervor. Ich merkte sofort, an wen mich Lucy erinnerte: an jede beliebige andere Katze dieser Welt.

Frau Martin blickte auf die Uhr.

»Du meine Güte, ich habe doch meinem Mann versprochen, ihn um zehn Uhr abzulösen!«

»Haben Sie«, ich wagte noch einen letzten Versuch, »haben Sie es jemals mit einem Babysitter für Katzen versucht?«

»Aber natürlich. Es war ein sehr nettes Mädchen, eine diplomierte Katzen-Nurse. Wir nahmen sie für einen ganzen Monat ins Haus, damit sich Lucy an sie gewöhnen könnte, aber es war zwecklos. Wenn Lucy nur ihre Stimme hörte, wurde sie ganz blass. Das arme Tier reagierte nämlich allergisch auf ihre Haare. Es war übrigens nett, Sie kennenzulernen. Auf Wiedersehen.«

Ich stand allein da und ließ mir die Probleme durch den Kopf gehen. Schließlich ist doch niemand vollkommen. Die Briten etwa sind unzurechnungsfähig, wenn's um Cricket geht, und die Österreicher sind leicht intrigenanfällig. Warum also sollen die Schweizer keine Katzen-Narren sein? Ich glaube, irgendwo gehört zu haben, dass jede Schweizer Stadt ihren eigenen Katzenfriedhof mit marmornen Grabsteinen und echten Goldbuchstaben besitzen soll. Soweit ich unterrichtet bin, hat man den Katzen noch kein Wahlrecht eingeräumt, aber es ist nur eine Frage der Zeit. Es wird gemunkelt, dass man in absehbarer Zeit wenigstens den Katern …

Eine gewisse diesbezügliche Unruhe lässt sich nicht vertuschen. Ein bekannter Schauspieler aus Schaffhausen wollte vor zwei Jahren seine Siamkatze heiraten. Es gab einen Riesenskandal in der

Presse, als die »Blick«-Zeitung herausbekam, dass das Brautkätzchen noch minderjährig war. Fragen Sie lieber nicht …

Martin erschien wieder. Mit einem frisch gezogenen Scheitel und einem Lied von Lucy auf den Lippen.

»Sie dürfen nicht etwa annehmen, dass wir sie blindlings lieben«, versicherte er mir. »Natürlich sehen wir auch alle ihre Fehler. Aber für uns stellt sich eine einfache Frage: Wollen wir ein frustriertes Haustier in unserer kleinen Wohngemeinschaft oder eine fröhliche und lebenslustige Kameradin? Es ist doch klar, dass uns Letzteres einige kleine Opfer aufbürdet …«

Etwa damals, als Martin – der nebenberuflich übrigens ein anerkannter Architekt ist – das begehrte Band der französischen Ehrenlegion bekommen sollte, und zwar für den Bau der einen Hälfte der französischen Botschaft in Bern. Die andere Hälfte musste von einem anderen gebaut werden, da Lucy zu der Zeit an Lungenentzündung erkrankt war.

Das ist jedoch unwichtig. Wichtig ist vielmehr, dass die aufregende Nachricht kam, der Termin festgesetzt wurde und Martin dann feststellen musste, dass die Feierlichkeit ausgerechnet an jenem Tag stattfinden sollte, an dem Lucys Geburtstag war …

»Ich bat die Leute, die Ordensverleihung um einen Tag zu verschieben«, erzählte mir Martin traurig, »aber Frankreichs Präsident schlug mir meine kleine Bitte ab.«

»Ach«, ich heuchelte Verständnis, »was kann man von einem französischen Präsidenten schon anderes erwarten? Aber hätten Sie Lucy nicht zu dieser Veranstaltung mitnehmen können? Vielleicht hätte sie gedacht, dass die Militärparade zu Ehren ihres Geburtstages stattfindet.«

»Natürlich haben wir auch das erwogen. Aber wer weiß? Wenn es da geregnet hätte …«

Eine Katze im Regen? Sogar ich musste die Absurdität meines Vorschlags einsehen.

»Wir haben sogar auf Kinder verzichtet«, fügte Martin auf dem Weg zurück in den Saal hinzu, »denn es hätte sich mit Lucys Tagesordnung einfach nicht vereinbaren lassen. Ihre festen Spielstunden sind von drei bis halb acht …«

»Morgens?«

»Nein, nachmittags. Außerdem leiden wir beide an chronischer Erschöpfung, da Lucy uns nicht schlafen lässt. Jede Nacht springt sie einige Male zu uns ins Bett und leckt uns die Nasen. Sie sucht halt auch Liebe …«

Anscheinend bekommt sie bei Familie Martin nicht genug davon.

Auf der Bühne ist inzwischen das Drama voll

erblüht. Ich aber versank in meinem Stuhl und dachte über die Mentalität der Schweizer nach. Wie funktionieren sie eigentlich, wenn überhaupt? Auf den ersten Blick hatten sie mit uns Israelis ziemlich viel Gemeinsamkeiten.

Auch die Schweiz ist ein kleines Land mit ethnischen Problemen. Auch die guten Schweizer müssen, so wie wir, jedes Jahr ihren Militärdienst leisten. Auch in der Schweiz hat sich die Inflation, wie bei uns, im letzten Jahr verdreifacht und beträgt nun beachtliche sechs Prozent.

Und doch, alles in allem, unterscheiden sich die Schweizer irgendwie von uns Israelis. Vielleicht steckt eine Frage der Motivation dahinter. Wir werden langsam erwachsen, die Schweizer haben das nicht nötig. In Israel ist alles für die Katz, in der Schweiz ist alles für das Kätzchen.

WIR SASSEN BEIM SLUKA in der Konditorei, der Hans und ich, und haben Kaffee getrunken.

Plötzlich sitzt auf dem Tisch eine kleine Tigerkatze. Da es beim Sluka war, haben wir sie Sluki genannt. Wir haben überall herumtelefoniert, bei der Polizei, haben die Nachbarn befragen lassen, ob jemandem eine Katze abgeht. Keine Reaktion.

»Das ist gut, dann nehmen wir sie mit.«

Sluki – war ein Bub. Ich bin so gehangen an diesem Kater. Er war sehr scheu, aber uns hat er akzeptiert. Wenn ihm im Garten jemand in die Nähe gekommen ist, war er schon weg. Er hat sich vor allem sehr gefürchtet.

Ein Anruf vom ORF. Ich sollte mit meiner Katze in die Sendung kommen. Ich war entsetzt. Sluki würde nie mitgehen. Da irrte ich aber. Da irrte ich aber gründlich. Schon der Gedanke ans Autofahren ängstigte mich. Aber kaum hatten wir ihn im Auto, begann er zu schnurren, setzte sich ans Rückfenster, legte sich gemütlich hin und genoss die Fahrt.

Im ORF war er dann wie zu Hause. Er schlich vom Maskenbildnerraum in das ZiB-Studio, um dort mit der Kamera zu schmusen. Der Raum war noch leer, und Sluki konnte sich austoben. Die

Atmosphäre des Nachrichtenstudios und das Material der Kamera war für ihn, als wenn er Flügel hätte und in den Himmel fliegen würde.

Ich glaube an Engel und ein Kater als Engel wäre die Erfüllung meines Traumes. Aber ich musste wieder zur Erde und mit meinem Kater in der Sendung »WIR« auftreten. Auch das hat ihm Spaß gemacht. Unberechenbar! Er hat die ganze Sendung mit sichtlichem Vergnügen beherrscht. Und die Bemerkung eines ORF-Technikers: »Jessas, in dem Haus is endlich a Mensch!«, hatte etwas Aufrichtiges.

Daheim war er wieder so schüchtern wie vorher.

Trotz seiner Scheu war mein Herzenskater Sluki unser Begleiter, wenn wir mit unseren Hunden spazieren gingen. Im Wald, auf Wiesen, wie in einer Geschichte über Elfen. Man kann sich vorstellen, was das für ein Anblick für die entgegenkommenden Spaziergänger war, die natürlich auch ihre Hunde mithatten. Aber unseren Kater hat das nicht geniert. Er ist ganz stur bei Fuß gegangen. Wo waren seine Ängste?

Wir konnten ihn natürlich nicht immer mitnehmen. Die Straße war gefährlich. Die Autos rasen dort rücksichtslos, aber er wollte unbedingt mitgehen, war schon fertig, um den Spaziergang zu beginnen und um in der nächsten Sekunde beim Tor hinauszuschlüpfen. Da haben wir ein-

fach unseren Postkasten aufgemacht, ihn hinein gesetzt und versprochen, dass wir bald wieder zurückkommen. Sein Miauen hat uns noch lange verfolgt.

Ein einziges Mal ist es passiert, dass sich zwei Tiere miteinander nicht anfreunden wollten. Juliane und Sluki führten Krieg. Juli die Angreiferin, Sluki der arme Verlierer. Sie hat ihn gehasst und unterdrückt. Wir versuchten alles, es ist uns nichts gelungen. Juliane konnte ihn nicht ausstehen. Irgendwann haben sie sich ausgemacht, die Zimmer unseres neuen Hauses um die Wette zu markieren. Wir waren verzweifelt und haben nur geputzt. Eines Tages ist sie dann in mein Mansardenzimmer

gezogen. Dort war sie allein und scheinbar zufrieden. Sie liebte es, oben zu speisen, und wir waren
froh, dass Ruhe einkehrte.

Juliane machte es großes Vergnügen, durch das
Fenster auf das Dach unserer Laube zu spazieren.

Eines Tages saßen wir mit einem Gast auf diesem
Platz und jausneten. Plötzlich wurde unser Gast
unruhig, griff sich auf den Kopf, in die Haare und
roch dann an seiner Hand. Dann nahm er den Kaf-
feelöffel und machte einige Male diesen Weg: Kaf-
feelöffel, Haare, Nase. Plötzlich raschelte es über
ihm. Auf dem Dach der Laube saß Juliane, die von

der Mansarde mit einem Sprung diesen Platz erreichen konnte. An diesem Tag hatte sie das Dach der
Laube mit ihrem Kisterl verwechselt. Unser Gast
wird das nie vergessen.

Auf der großen Wiese neben meinen Nestroy-Spie-
len in Maria Enzersdorf war jedes Jahr eine Ausstel-
lung von Steinfiguren von Bildhauern aus Simbab-
we. Zu einer Figur hat es mich immer gezogen. Es
war eine große Katze aus Stein. Sie liegt und blickt
ins Nichts. Ich musste sie haben.
    Und jetzt liegt sie in meinem Garten, von Solar-
licht beleuchtet. Und nachts leuchten ihre Augen
unheimlich.

ELFRIEDE OTT

Den Frieden spüren

Ich kann viele Stunden im Garten verbringen. Der Ruhe zuhören. Den Frieden spüren.

Ich sitze im Garten, nahe der Laube, die gerade von einem Bienenschwarm eingenommen, erobert wird. Ein gleichmäßiges Summen dröhnt. Ich warte auf Gedanken. Meine Tiere sind da. Der kleine Hund, der sein Leben auf Reaktion meiner Bewegungen eingestellt hat, er liegt zu meinen Füßen, jederzeit bereit, meinen Tätigkeiten zu folgen: mit mir aufzustehen, Schritte zu tun, sich niederzulassen – unglücklich zu sein, wenn ich ihm das nicht erfüllen kann –, ihn oft daheimlassen muss. Das »Eintritt für Tiere verboten« oder die scheußliche Zeichnung eines neckischen Hundes mit »Hier dürfen wir nicht hinein« degradiert uns beide. Degradiert die Ernsthaftigkeit unserer Freundschaft. Demaskiert die Arroganz der Eintrittsverweigerer, enthüllt ihre Armseligkeit, in der sie ihr Leben verbringen – sie wissen nicht, was Freundschaft ist, die nicht aufhört, solange sie atmet.

In einiger Entfernung liegt mein großer Hund, dessen nächster Freund das Haus ist, in

dem wir auf dem Land wohnen, das er behütet, bewacht.

Eine Dohle bewohnt uns seit einiger Zeit – jetzt ruft sie gerade ihr »Ja Ja« von einem ihrer Lieblingsplätze im Vorraum. Sie schenkt mir hie und da

Glücksgefühle, wenn sie sich auf meinen Arm setzt, mit mir frühstückt und zufrieden ist.

Die Katzen liegen auf Stühlen und Bänken und strahlen Frieden aus. Der Weiße mit dem schwarzen Fleck schnurrt wie der Bienenschwarm.

Unsere kleine Siamesin, die liebe, süße, zierliche, spielt auf der Wiese unter dem Apfelbaum. Sie scheint einem rollenden Apfel nachzulaufen, macht lustige Sprünge – plötzlich fliegt unter ihrem Körper ein Vogel hervor, eine Amsel – die Katze fängt sie wieder – lässt sie aus – ich stürze ihr nach – sie ist nicht mehr zu sehen. Es ist vorbei. Aus. Wo soeben Leben war, ist Tod.

Nein. Dieses Erlebnis habe ich nicht gebraucht.

Es ist jetzt fünf Stunden danach. – In diesem Augenblick, wo ich diesen Satz schreibe, kommt die Katze miauend auf mich zu, quer über die Wiese hergelaufen. Wie Antwort gebend: »So seid nicht nur ihr!« – Aber sie hatte ihren Mord nicht geplant. Sie ist ein Triebverbrecher. Sie hat ihn bereits vergessen. Sie hatte sich nicht vorbereitet – sie ist nur Symbol.

Sie springt auf den Apfelbaum – Äpfel fallen herunter und rollen bergab. – Wieso gehen wir mit offenem Wissen einer Zeit entgegen, in der unsere Bäume nur mehr Erinnerung sein werden? Wieso stellen wir uns so eine Zeit vor? Wieso stellen wir uns dadurch bereits darauf ein? Wer einen Baum

wachsen gesehen hat – die Stadien der Jahreszeiten!

Ich gehe den Hang hinauf zu unseren Föhren. Mir fällt ein Spaziergang ein, den ich unlängst gemacht habe, der mich überraschend in die Kleingärten auf der Schmelz geführt hat. Ich bin von Garten zu Garten gegangen, berührt von der Hingabe zu diesen kleinen Stücken Gärten. Kleine Kunstwerke von Liebe. Gedanken an Beton haben mich verfolgt. – Ich lege mich auf den Rücken und schaue in die Wipfel der Föhren. Wir haben sie gepflanzt. Jetzt sind sie erwachsene Bäume. An ihren unteren Ästen sehe ich braune Spitzen. Ich bekomme panische Angst. Ist das der Anfang? Oder ist das normal. War es immer so zu dieser Jahreszeit? – Liebe Bäume. Liebe, liebe Bäume. – Wie riesengroß ist unsere Platane! Ich durfte einmal den Garten von Konrad Lorenz sehen. In ihm steht eine Platane, so groß wie ein hohes Haus. Breit, alles beschützend. Damals war mein Wunsch: So ein Baum in unserem Garten. Jetzt ist er längst kein Kind mehr. –

Oder die Kastanie, von einem Freund geschenkt, der fest mit seiner Wurzelkraft vielen Angriffen standhalten musste. Der graue, liebe, große Kater steigt zärtlich auf mich, der geheimnisvolle, gutmütige, der immer zur Stelle ist, wenn ich heimkomme. Der auf der Straße auf mich wartet. Wie schmerzen mich die brutal rasenden Autos. Wie wenn sie auf der Jagd wären, ein Ziel suchen! Du lieber Grauer, pass auf!

Wie bald wird der Schmetterling, der grad zu den Rosen fliegt, Erzählung sein. Er hat jetzt schon ein bissl was Altmodisches an sich. Ein bissl Courths-Mahler. Was Rührseliges, was von Verliebtheit.

Mein lieber, zärtlicher Grauer wirft ihm einen Blick nach – wie gern hätte er ihn umgebracht.

Ich höre der Garten-Ruhe zu und horche in die lauernde Friedlichkeit.

WIR, HANS, FRITZI, die Hunde Stasi und Tiny, waren auf einem unserer seltenen Urlaube auf Kreta. Natürlich wie immer: arbeitend. Hans schrieb sein *Abendbuch*, ich lernte meinen Text für *Laura und Lotte* von Peter Shaffer.

Ein Ehepaar hütete unser Haus, unseren großen Hund und die Katzen. Es war schön, Meer, Sonne.

Dann kam der Heimflug. Der war schrecklich. Wir warteten Stunden auf unseren Abflug.

Am Flughafen in Wien wurden wir von dem Ehemann abgeholt. Vom langen Warten schlecht aufgelegt, verkündigte er uns, kaum dass wir im Auto saßen: »Es ist etwas passiert, was, sag ich nicht, das soll meine Frau erzählen.«

Wir sind alle drei erstarrt, und er redete die ganze Fahrt kein Wort mehr. Unsere große Hündin Mizzi war damals schon sehr alt und wir dachten an sie.

Endlich daheim, überschüttete uns seine Frau mit einem Redeschwall. Es gab keinen Sluki mehr. Er war tot. Sie wüsste nicht, wie es passiert wäre, und erzählte einige Versionen. Die letzte war sehr unglaubwürdig, vielleicht aber wahr. Sie sagte, Sluki hätte einen großen Sprung nach oben gemacht und sei leblos heruntergefallen. Wie ein Stück Holz. Ja, und sie hätten ihn auch schon begraben. Das war um vier Uhr in der Früh.

Am nächsten Morgen gingen Fritzi und ich in den Garten. Wir hatten kaum geschlafen – wir mussten immer an Sluki denken. Unser Garten liegt auf einer Anhöhe. Wir gingen hinauf und sahen etwas Graues: Da lag Sluki wie schlafend im Gras. Wir waren so aufgeregt, dass wir nach unserem Nachbarn riefen. Er ist gekommen, hat Sluki in eine Schachtel gelegt, eine Grube geschaufelt und begraben.

Ob es der Fuchs war? Diese Leute hatten ihn nur mit Erde bedeckt. Wir haben die Wölbung gesehen. Wir haben aber auch gesehen, dass er nirgends verletzt war. Vielleicht hat die Geschichte mit dem Sprung doch gestimmt. Unser Tierarzt meinte, dass es so etwas bei einem Herzinfarkt gibt – nur: wieso hat ihm das Tier, das ihn ausgegraben hat, nichts getan?

Mein Programm *Die Katze in der Literatur* war gerade in Vorbereitung. An einen Beitrag von Hans war nicht zu denken, er war zu schwach, seinen Arbeitsraum im ersten Stockwerk zu erreichen. Plötzlich hörte ich ihn die Stiegen hinuntersteigen. Wann war er hinaufgegangen? Das war seit Wochen nicht mehr möglich gewesen. In seiner Hand war ein Text mit einem Beitrag für mich, mit größter Anstrengung geschrieben. Sein letzter Text. Unsere Katze hat ihn ihm wahrscheinlich diktiert:

HANS WEIGEL

Vom Kennenlernen der Katzen

Je näher man Katzen kennenlernt, umso genauer weiß man, dass man sie nicht kennt.

Man kann sich mit ihnen nicht anfreunden. Sie sind nur bereit zu einem stets widerruflichen Modus vivendi mit uns Menschen. Man kann ihnen nichts abverlangen wie vielen anderen Haustieren. Sie können freundlich sein, aber nur wenn's ihnen passt.

Sie sind Nomaden, auch wenn sie einer Wohnung oder einem Herrn zugehörig sind. Sie suchen sich einen Schlafplatz, einen Lieblingsaufenthalt im Haus oder in der Wohnung. Dem bleiben sie einige Zeitlang treu. Und auf einmal wechseln sie den Platz und richten sich auf einem anderen neu ein. Und man sieht keinen Grund, keinen Anlass zu diesem Wechsel.

IM FRÜHLING 1991 hat es begonnen. Flocki hatte uns verlassen, er ist fünfzehn Jahre alt geworden, die Hunde Mizzi und Stasi folgten ihm. Unsere Dohle Kafka legte sich in Fritzis Bett, um zu sterben. Wir verheimlichten alles, so gut es ging. Nach Wochen fragte Hans: »Wo ist denn die kleine Stasi?« Im Sommer verlässt uns Hans – zwei Monate später meine Mami …

Im Frühjahr darauf bringt Fritzi zwei winzige Katzen. Wir taufen sie Mutzi und Butzi. Aber – wir wollten doch das Todeshaus in Maria Enzersdorf verlassen und wieder in die Stadtwohnung ziehen! Wir machten es, aber nur mit den Hunden Bubi (der Mami gehörte) und der schwarzen Tiny. Ein Freund hat sie mir aus Texas mitgebracht. Die Katzen Mutzi, Butzi und Juliane wohnten weiter in unserem Haus und wurden von unseren Freunden betreut.

Aber nach Tagen zog es uns wieder in unser Haus zurück. Sechs Katzenaugen schauen uns an: »Bitte, bitte nehmt doch auch uns mit in die Stadt.« Wir nehmen sie mit uns. Also hatten wir in unserer Wohnung fünf Tiere, die uns von unseren traurigen

Gedanken ablenkten. Außerdem hatte ich Proben im Theater in der Josefstadt. Das Stück hieß *Der Witwenclub*.

Die Katzen toben und schmeißen alles um. Es wird wieder lustig am Kohlmarkt.

Wir erleben das erste Mal »Geschwisterliebe«. Er war ein Tigerkater, sie eine weißschwarze Katze. Es war unbeschreiblich schön zuzuschauen … er hat sie geküsst und gewaschen, stundenlang. Die Siamkatze Juliane betrachtete alles von oben herab.

Kaum war alles in Ordnung und ich beruhigte mich, musste ich den nächsten Schlag erleben.

Mamis Hund Bubi hatte seine Trauer auch überwunden und begann sich an mich zu lehnen.

Was bei einem Chihuahua nicht selbstverständlich ist. Sein Charakter ist den Katzen sehr ähnlich.

Er hatte plötzlich eine Verletzung am Auge und wurde in der Tierklinik operiert. Er kam mit einer Halskrause zurück, die er schreiend abwerfen wollte. Ich nahm ihn zu mir und versuchte die ganze Nacht, ihn zu beruhigen. Endlich gegen Morgen schliefen wir beide ein. Als ich erwachte, lag er tot in meinen Armen.

Nach einiger Zeit kommt wieder ein kleiner schwarzer Hund, die Mali und dann die Sindy, alle schwarz, wie mein Muserl.

Hundeseelen lösen sich ab …

Juliane ist sehr glücklich in Wien. Sie ist eine Schönheit und residiert auf allen gepolsterten Sitzgelegenheiten. Die Zeit vergeht – sie wird siebzehn Jahre alt – ob sie sich im Katzenhimmel mit dem Sluki versöhnen wird?

ELFRIEDE OTT

Katzen-Vor-Schrift

Wir haben zwei. Mutzi und Butzi. Mutzi die Weiße
– Butzi der Graue.

Ich weiß nicht warum, aber ich gehöre der Weißen, was umgekehrt nicht der Fall ist. Wie kann
man ein so starkes Liebesgefühl empfinden zu
einem Wesen, das so gar nicht verlässlich in seiner Zuneigung ist? Wie kann man sich seelisch so
unterordnen? Glücksgefühle haben – für jede
Sekunde Retourkutsche –, wo ich doch selbst so
zutraulich bin. So anschmiegsam. So dankbar,
wenn sie mich zur Kenntnis nimmt, die Weiße.
Jetzt ist sie doch soeben vor mir geflüchtet, als ob
ich eine Erscheinung aus einem Horrorfilm wäre,
und schon liegt sie ausgestreckt auf mir und
schnurrt wie eine kleine Maschine, die nie zum
Stillstand zu bringen ist. Ich werde mich nicht
bewegen, solange ich sie spüre, und wäre es
bis zum Ende der Welt. Kaum habe ich diesen
Gedanken ausgedacht, hat sie mich längst verlassen – vergessen. Mein Herz macht einen Enttäu-
schungsstopp. Kümmert sie sich in einer Sekunde
wieder um mich oder muss ich Stunden hoffen?

Wie kann ich so demütig sein? Keine Spur von Stolz in mir.

Sie ist die Augenweide. Sie ruht weiß als Aufsatz des weißen Kachelofens. Sie ist der lebende Vordergrund des Ausblicks vor meinem Fenster, an dem sie tagelang verharrt und träumend die Tauben, die am Gesimse sitzen, morden möchte. Diese liebreizende Mörderin! Wieso verzeihe ich ihr sogar diese gedachte Untat?

Sie ist meine Ruhe. Ich tanke auf bei ihrem Anblick. Ich weiß, dass sie viel mehr weiß als ich, dass ihre Augen Dinge schauen, von denen ich keine Ahnung habe. Wie bereitet sie mir Freude, wenn sie gerade über mein Vorwortblatt steigt. Oder mir immer wieder schnurrend mein Manuskript verdeckt, um mich am Textlernen zu hindern. Wie komme ich eigentlich dazu, ernsthaft zu überlegen, ein Rollenangebot in einer Fernsehserie abzulehnen, weil ich doch dann tagelang von ihr getrennt wäre?!

Ich bin ihr hörig, der sanften Weißen mit den Krallen, deren Schönheit mich aufregt und deren Anwesenheit mich in mich hineinzuhören verleitet.

Weiße, ich liebe dich.

VON EINER TIERSCHUTZORGANISATION kommt ein kleiner blonder Hund zu uns, die Annie.

Am nächsten Tag ein Anruf: »Könnten Sie nicht noch eine ganz alte Katze aufnehmen? Sie sitzt bei uns den ganzen Tag am Klo, weil sie sich so vor den großen Hunden fürchtet. Sie hat nur mehr einen Zahn, frisst aber so viel.« Da konnten wir nicht nein sagen.

Sie bringen sie uns noch am selben Tag. Alt, furchtsam, sie schläft vor lauter Angst fast auf meinem Gesicht. Ich habe mir immer eine Katze gewünscht, die am Kopfpolster schläft.

Jetzt war sie da. Wir gaben ihr den Namen Minki und sie wird eine Katze, die nur aus Liebe und Dankbarkeit besteht. Jetzt wurde es noch schwerer, am Computer zu arbeiten, drei Katzen belagerten den Computer: vorne, hinten und daneben.

Die Fahrten von der Wohnung zum Haus in Maria Enzersdorf wurden immer komplizierter. Wir hatten jetzt drei Katzenkörbe und drei Hunde. Alle gewöhnten sich an unser Reisen. Die Katzen wussten sofort, dass sie unseren Garten nicht zu verlassen haben.

Jahre vergingen – Mutzi wurde krank. Unser Tierarzt will sie nicht einschläfern – er sagt, sie hätte keine Schmerzen – lasst sie von alleine gehen.

Und immer wieder begegnen mir AutorInnen, die wie ich von den Katzen nicht loskommen:

Mandalay

»Gott schenkte uns die Katze, um uns zu erlauben, in ihr den Tiger zu streicheln«, sagt ein großer Dichter.

Seit Mandalay die Wohnung in einen Dschungel verwandelt hat, zitieren Er-au oder Sie-au, wie der Kater sie nennt, häufig diesen Ausspruch Victor Hugos. Und zwar immer derjenige von ihnen, dem die siamesische Katze gerade keinen Streich gespielt hat.

Aus den kleinen Gummibäumen, den Töpfen mit dem Immergrün und den harmlosen Kakteen vor dem Fenster war ein Urwald geworden, und Mandalay lauerte darinnen auf das Abenteuer. Er hatte zu viel Fantasie, um nicht überall und zu jeder Stunde des Tages auf ein Abenteuer zu warten. Zuweilen führte er ein Ballett auf mit einem Papierknäuel, ein siamesisches Ballett von großer Schönheit. Der berühmteste Luftsprung, den je ein Tänzer gemacht hat, der Nijinskys, in dem dieser achtmal in der Luft die Beine kreuzte, bevor er wieder den Boden berührte, war nichts gegen die Sprünge Mandalays. Sie waren geradezu eine Verneinung des Gesetzes der Schwerkraft. Er warf sich in die Luft, überkugelte sich mehrere Male, hängte sich an ein unsichtbares Seil und ließ sich herabgleiten, die Pfötchen auf die Sprossen einer imaginären Leiter setzend. Jetzt wirbelt er um seinen Schwanz herum, als wäre er ein irrsinniger Kater und nicht der weise Mandalay, der noch vor einigen Minuten zur Fayence erstarrt von den Tempelstufen träumte, auf denen seine Vorfahren mit offenen Pupillen in die Unendlichkeit hineinsahen und mit rot glühenden Augen Löcher in die Zeit brannten.

Jetzt klettert er mit der ihm eigenen Verachtung der Materie an den Brokatvorhängen hinauf, die unter den einsetzenden Krallen knirschen, jongliert ein wenig mit einem Kolibri, der dem Dschungel der paar Fettpflanzen unten entflogen zu sein scheint, und sitzt schließlich als edle Skulptur auf der Vorhangstange, der Dinge harrend, die für einen Kater kommen müssen, der Brokatvorhänge mit Verachtung behandelt.

»Willst du wohl sofort herunterkommen!«, ertönt die Stimme der Herrin. Mandalays Schweigen sagt deutlich, dass er nicht will.

»Er will uns ärgern, weil wir ihn geärgert haben, Liebste!«, ruft der Herr durch die geöffnete Türe des Nebenzimmers. Aha, denkt Mandalay, er deutet meine Geste richtig. Umsonst hat das Mädchen gesagt: »Madame est servie.« Umsonst hat Er gebeten: »Möchtest du nicht zu schreiben aufhören, Liebste, das Essen steht auf dem Tisch.« Sie fährt fort zu schreiben, ohne Rücksicht auf Kater, Mann und Mahlzeit. Wirklich, welch ein Mangel an Respekt! Mohammed schnitt seinen Ärmel ab, auf dem eine Katze eingeschlafen war, um sie nicht zu wecken, und hier geht eine über Papier eilende Feder allem anderen vor.

Einst war die Katze der Gott der Ägypter. Mandalay rekelt sich hoheitsvoll bei diesem Gedanken. Er macht einen stolzen, aristokratischen Buckel, so hoch, wie ihn der nahe Plafond zulässt, und erinnert sich dunkel seiner Vorfahren.

Nun geruht er, seinen Absprung zu tun. Wenn man es nicht von ihm verlangt, kommt er gerne herunter. Nur unberechenbar sein und bleiben will er. Lautlos langt er auf seinen Gummisohlen auf dem Stuhl vor dem Tisch an.

Im Nebenzimmer pfeift Er einige Molltöne, um die Katze anzulocken. Aber selbst diese Laute, die gewöhnlich Mandalays Seele in so besondere Schwingungen versetzen, dass er sofort auf den Flötenden zuspringt, haben heute keine Wirkung auf ihn. Er kann die kriminelle Verzögerung des Mittagessens nicht verzeihen und zieht seine »mou« jedem »mi« vor.

Er kommt aus dem Nebenzimmer und legt seine Hand auf des Katers Kopf: »Ja, ja, Mandalay«, sagt er lachend, »in Indien, im Tempel des Lao-Tsun, am See Incaougji gelegen, leben hundert heilige Katzen, die alle lange vor ihrem Priester essen. Du hast deine Herren schlecht gewählt ... Aha, man wünscht keine Berührung!«

Er zieht seine Hand zurück und geht wieder in sein Zimmer. Mandalays zuckender Schwanz zeigt zu deutlich seine Abneigung gegen Liebkosungen an. Er klopft lauter mit dem merkwürdig verstümmelten, wie abgebrochenen Schwanz, der seiner Rasse Eigentümlichkeit ist, gegen die Stuhllehne. Nein, Sie hört und sieht nichts, wenn Sie schreibt. Das ist der Moment. Vorsichtig legt er seine schwarzbehandschuhten Vorderpfoten auf die Tischkante, dann schiebt er den Körper nach. Noch ein kleiner Ruck, und er kann die Sardinen erschnappen.

Aber die Falschheit der Menschen ist unermesslich. Richtet Sie sich nicht auf und sagt: »Mandalay, du Dieb, willst du wohl ...«

Mandalay schaut Sie herausfordernd mit gläsernen Augen an.

»Vom Tisch herunter oder ...«

»Oder?«, fragt er spöttisch und rührt sich nicht. Er weiß genau, was er zu tun hat, um die auf dem Diwan Liegende endlich zum Aufstehen zu bringen und zur feierlichen Handlung des Essens zu zwingen. Denn ist Sie erst einmal aufgesprungen, legt Sie sich nicht wieder hin.

»Oder ich hole den Stock!«

Mandalay lächelt, ohne sich zu bewegen. Kann man einem Kater, der von annamitischen Katzen abstammt, die im siebzehnten Jahrhundert aus dem Reich der Khmer importiert und mit den Katzen von Birma gekreuzt wurden, vielleicht mit Schlägen drohen? Drohen, ja. Dem entarteten Menschen ist alles möglich. Aber schlagen! Mandalay möchte am liebsten laut auflachen, wenn er könnte. Schlagen! Ihn, den Verwandten der geweihten Katzenstatuen von Mandalay, deren Augen aus echten Saphiren gemacht waren! Hat Er ihm das nicht oft genug erzählt?

»Ja, muss ich denn wirklich aufstehen und diesen Kater wegjagen?« Sie setzt probeweise einen Fuß auf den Boden. Mandalay rührt sich nicht. Nun folgt ihr zweiter Fuß. Der Kater zieht seinen Boxhandschuh zurück. Sie stürzt auf ihn zu.

»Ach, diese Katze! Der größte Dieb von Paris!«

Mandalay ist unter dem Kasten verschwunden. Er grinst.

»Hallo! Zu Tisch!«, ruft Sie zu Ihm hinüber. »Was für ein tyrannisches Tier! Jedes Mal, wenn man später essen möchte, bedroht es mich mit Diebstahl, mit seinen Urinstinkten! Welch unzähmbares Raubtier!«

Er kommt und lächelt sein feines siamesisches Lächeln, das Er der Katze abgeguckt hat.

»Liebste, vergiss nicht: ›Dieu nous a donné le chat pour nous permettre de caresser le tigre.‹«

ICH BIN GLÜCKLICH, dass ich von Mörike ein
Textlein finde:

EDUARD MÖRIKE

Mausfallen-Sprüchlein

Das Kind geht dreimal um die Falle und spricht:
Kleine Gäste, kleines Haus.
Liebe Mäusin oder Maus,
Stell dich nur kecklich ein
Heut Nacht bei Mondenschein!
Mach aber die Tür fein hinter dir zu,
Hörst du?
Dabei hüte dein Schwänzchen!
Nach Tische singen wir,
Nach Tische springen wir,
Und machen ein Tänzchen:
Witt, witt!
Meine alte Katze tanzt wahrscheinlich mit.

»WIE KANN MAN ETWAS BESCHREIBEN, das man nicht beschreiben kann?« Ich weiß es nicht.

Niemand weiß es. Es ist nicht zu beschreiben, es ist nicht zu beschreiben.

Der Tod meiner Mutter war ein so langsamer Vorgang. Eine ganze Nacht lang bin ich mit dem behandelnden Arzt vor dem Bett am Fußboden gesessen. Der Mensch war ein Glücksfall für mich. Er war Buddhist und wir haben über das Dasein, unsere Unwissenheit und über den Tod gesprochen, während Mami mit ihm kämpfte.

Am nächsten Morgen hatte er sie noch immer nicht besiegt.

Ich ging an ihr Bett, nahm ihr Gesicht in meine Hände und legte meine Stirne an ihre Stirne.

Das war der Augenblick, wo sie das Leben verließ.

Plötzlich war der Tod in unserem Haus. »Warum das in einem Buch über die eigenartigen

Vierfüßigen?« Das denken Sie doch jetzt.

Unsere liebe weißfellige Katze wurde plötzlich krank. Alter, Herz, Lunge wollten nicht mehr.

Von Einschläfern war keine Rede. »Lasst sie ruhig hinübergehen.«

Ich beugte mich zu ihr, legte meine Stirne auf die Katzenstirne und spürte, dass sie uns verließ. Ähnliches ist leider nie mehr geschehen, obwohl es oft nötig gewesen wäre. Scheinbar haben mich diese Kräfte damals verlassen. Viele Menschen sagen, sie wollen kein Tier mehr, weil der Abschied so schmerzhaft ist. Es ist kein so großer Unterschied, wenn man ein Wesen aus seiner Familie verliert. Ob Mensch, ob Tier, hängt von der engen Beziehung ab.

Ich habe immer das Gefühl, wenn mich ein Tier verlässt und ein anderes nimmt seinen Platz ein, dass das vorhergehende seine Seele dem nächsten mitgegeben hat. Ich habe es immer so empfunden. In meinem sehr langen Leben konnte ich das oft beobachten.

Im Augenblick liegt mein kleiner Hund auf meinen Beinen. Pipsi – sowas wie ein Chihuahua. Sie lebt bei meinen Füßen, schläft bei meinen Füßen, unsere Verbindung ist nicht zu trennen. Eine Trennung zwischen uns ist von beiden Seiten unmöglich. Da bleibt nur Depression zurück.

Meine übersinnliche Freundin Lotte, die mir immer erklärt, wie man sich nach dem Tod sehnen soll. Wie herrlich dann alles ist. Vielleicht hat sie recht und ich sehe meine geliebten Tiere wieder. Ich begegne ihr so oft, während sie Katzenkörbe schleppt, um in ihr geliebtes Waldviertel zu reisen und wieder neue Erscheinungen und Entdeckungen zu erleben. Ich liebe die Lotte:

LOTTE INGRISCH

Sankt Kringel und seine Tiere

Ich habe das Haus, das zwar in Rindlberg, aber auch in der Unterwelt steht, zwei Jahre lang gesucht. Mit der Franz-Josephs-Bahn und Leihwagen ab Gmünd, denn wir wollten kein Auto haben. Schon vor vierzig Jahren waren Gottfried von Einem und ich grün, grün, grün.

Es stand, was ich damals nicht wusste, in der »Bärenlucke«, wo sonst? Denn wie mein Mann mir immer wieder eindringlich versicherte, war er kein Mensch. Sondern ein Bär. Nicht schwarz, nicht weiß. Ein Braunbär, und er brummte zum Fürchten. In Bern, wo er zur Welt kam, hat er mir seine Verwandtschaft im Bärengraben gezeigt. Und als nach Malente, wo er aufwuchs, ein Zirkus mit einem Tanzbären kam, riss er sich von der Hand der Gouvernante los, umarmte ihn, rief: »Brüderchen, Brüderchen!«

Komponierende Bären sind zwar selten, aber unmöglich offenbar nicht. Und so hat Gottfried in der Bärenlucke zwölf Lieder-Zyklen, fünf Chorwerke, fünf Streichquartette, ein Streichtrio, ein Bläserquintett, mehrere Sonaten, Solo-, Kammer-

und Orchestermusik, drei Symphonien, eine Messe, drei Opern – und den *Rindlberger Marsch* komponiert. Immer in der Nacht, wenn alles schlief und nur der Mond auf Besuch in sein Fenster kam.

Dabei hat es ihm zuerst gar nicht gefallen. Rindlberg hatte nicht einmal eine eigene Ortstafel, und auch sonst … »Hast schon das Haus von der Lotte g'seh'n?«, fragte Franzi Schafranek vom Englischen Theater meinen Bruder: »Schrecklich, gelt?« Halt ein Holzfällerhäuschen, Stube, Küche, Kammer und sonst nichts. Sonst wirklich nichts, aber auf einer Waldwiese. Einmal kam der damalige Landeshauptmann Andreas Maurer und fragte mich, die gerade Heu machte: »Wissen Sie, wo Gottfried von Einem wohnt?« »Ja«, sagte ich. »Hier!« »Was«, rief er entsetzt, »in der Keusch'n?«

Der Pfarrer von Karlstift schenkte uns einen kleinen schwarzen Kater. »Uiwui«, machte er, als er uns zum ersten Mal sah, und so nannten wir ihn »Wui Wui«, und ich malte sein Bild auf die Küchentür. Er folgte mir auf Schritt und Tritt und schlief nachts in meinem Arm. Nur einmal verließ er mich.

Ich suchte ihn tagelang in sämtlichen Nachbardörfern, bis ich ihn endlich »in der Scheiben« fand. Er poussierte mit einer dicken Käterin und zog sich bei meinem Anblick indigniert mit ihr auf den Heuboden zurück. Wie eine Ehefrau ihrem

Mann ins Wirtshaus, lief ich ihm fortwährend auf den fremden Bauernhof nach. »Komm nach Haus, Wui Wui, komm bitte mit mir nach Haus!« Er tat, als würde er mich nicht kennen. Halb verhungert kehrte er nach Tagen heim, und sein linkes Ohr war zerfranst. Damals respektierte ich noch die Männlichkeit mit ihren Freuden und Leiden. Später hat der Tierarzt mich eines Besseren belehrt.

Abt Bertrand vom Stift Zwettl brachte uns die zwei ersten Schafe, Nelly und Gülnare. Vom Pertholzer Schlossbock Mandi erfreut, brachten sie Rosabella, Felix, Mathilde, Bibi, Bubi, Sara, Raba und Suleika in unsere einfache Welt. Schön langsam wurden wir eine Familie.

Wui Wui war nun ein erwachsener Krieger. Kämpfte er mit Feinden, half ich ihm dabei. Mit Drohgeschrei meinen Pantoffel schwingend, lief ich in Vollmondnächten über die Wiese, und gemeinsam schlugen wir jeden Gegner in die Flucht. Die hochgemute Rückkehr ins Haus, ich im Pyjama, er mit triumphierend erhobenem Schweif …

Eines Morgens piepste etwas im Gras. Wir suchten den vermeintlichen Vogel und fanden Mümmy Mumbuduku Bumbuwu. Winzig, grünäugig und schwarz. Mit einem weißen Schürzchen wie ein Stubenmädel. Bestimmt hatte ein gutherziges Kind den Kater vor unsere Tür gesetzt, damit er nicht ertränkt würde wie seine Geschwister.

Wui Wui raste vor Eifersucht. Er, der schon hinter den Ribiselstrauch ging und klagte, wenn ich nur ein Schaf streichelte oder gar Sir Alfons, das Kaninchen! Dabei war Sir Alfons nur ein Logiergast. Unser Nachbar und Freund, der Greißler, hatte ihn ganz verstört zu uns gebracht. Das Tier hatte sich nämlich angewöhnt, ihm – so oft er in seine Nähe kam – direkt ins Gesicht zu pinkeln. Das war, fanden wir, eine sportliche Meisterleistung. So ein Talent durfte nicht an die Bratpfanne vergeudet werden, im Gegenteil! Es musste sich fortpflanzen. Also suchten wir eine anmutige Kaninchendame, setzten sie ihm vor die Nase und ließen die beiden allein.

Also ganz allein nicht. Greißler, Greißlerin, Gottfried und ich lauerten hinterm Schupfen und spähten durch jeden Spalt. Oh, die Schande! Sir Alfons war, was den Umgang mit Damen betraf, völlig ahnungslos. Immer wieder setzte er sich hoffnungsvoll der Braut auf den Kopf, bis es ihr endlich zu dumm wurde und sie sich hoppelnd empfahl. Wie man sieht, ist die Liebe nicht nur für Menschen oft ein großes Problem.

Sir Alfons wurde ein Hagestolz. Irgendwann begann der große Kater den kleinen zu putzen, und die Welt war wieder in Ordnung. Bis an einem heißen Augustmorgen ein Auto Wui Wui überfuhr. Ich weinte wochenlang. Und überlegte, dem allein zurückgebliebenen Mümmy eine Gefährtin zu schenken. Oder würde Wui Wui sich über eine neue Katze im Haus kränken? Ich ging zu seinem Grab unter Rose und Birke, erklärte ihm alles und bat um ein Zeichen. Eine Viertelstunde später stand unsere Freundin Karin Schwarz aus dem Nachbardorf Reichenau vor der Tür. Sie hatte gerade ein Katzenkind vor dem Ertränktwerden gerettet, und würden wir es bitte schön aufnehmen?

Wir nannten sie Kätchen, weil sie – wie das von Heilbronn ihrem Ritter – Gottfried verliebt hinterherging. Daraus wurde dann Gättchen, und wie eine männliche Mutter nahm Mümmy sie an. Er putzte sie, unterwies sie im Mäusefang, und später machte er ihr mit großer Zartheit den Hof. Sie erwiderte seine Werbung mit Pfötchenhieben, so sind die Weiber. Behutsam versuchte er es immer wieder. Es war mein Zimmer, in dem sie an einem Nachmittag ihre Unschuld verlor. Und ihm nach beendeter Liebeslust eine kräftige Ohrfeige verpasste.

Sie war trächtig, und wir mussten nach Berlin. Ob Gättchen es allein schaffte? Erich Jantsch, der berühmte Systemtheoretiker aus Berkeley, war gerade auf Besuch in Rindlberg. »Du kannst jetzt nicht nach Amerika zurückfliegen«, sagten wir. »Bitte, bitte bleib noch ein bisserl als Hebamme da.« Tagelang saß er mutterseelenallein und bei strömendem Regen mit einer kleinen Katze in unserem Haus. Natürlich passierte überhaupt nichts. Aber zwischen beiden entspann sich ein Zauberfaden der Zuneigung, und diese goldenen Fäden zerreißen vielleicht nie. Im Gewebe aller dies- und jenseitigen Welten bilden sie – wer weiß? – unvergängliche Muster der Freude.

Eines Nachts kam Gättchen endlich nieder. Mit großer Selbstverständlichkeit legte sie Gottfried von Einem ihr Neugeborenes auf die Brust. Der wagte nicht, sich zu bewegen. Lag starr im Bett und dachte über einen Namen für – gewissermaßen seine – Tochter nach. »Sie heißt«, verkündete er am Morgen, »Sabinettchen.«

Gottfried und Gättchen, das war eine Liebesgeschichte. Beinahe mit Treueschwur. Strich sie einmal dem Briefträger um die Beine, machte mein Mann ihr vor dem Haus eine Szene. »Du Hure!«, brüllte er, und die Dorfbewohner schauten mich interessiert an. Na so was, die alte Ingrisch ...

Er hat Wui Wui, Mümmy, Gättchen und Sabinettchen einen ganzen Liederzyklus gewidmet, mögen künftige Musikologen forschen, wer die wohl sind? Ach, Sabinettchen. Mausgrau, mit winziger weißer Maske, weißen Pfötchen und weißem Latz. So rührend. Ihre Augen waren leidenschaftlich und grün. Sie war so schüchtern, dass sie sich vor allen Leu-

ten unter meiner Bettdecke verkroch. Sogar vor
den verliebten Katern, die in Vollmondnächten klagend ums Haus schlichen.

Wie sie trotzdem die stolze Mama von Schneeflöckchen, Pelzchen und Zanni wurde, bleibt ein
Rätsel. Sie tanzte so gern auf meinen Schultern. Ich
küsste sie dann und nannte sie, obwohl das keinen
genauen Sinn ergab, meine kleine Geliebte. Eines
Tages, so versprach ich ihr, würde sie ein Men-
schenmädchen und ich ihr Schutzengel sein. In

einer großen grauen Stadt. Merkwürdig, ich sah sie immer als kleines Mädchen in einer großen grauen Stadt.

Sie starb unter einem Auto, aber ist sie darum tot? Der Mensch beansprucht die unsterbliche Seele für sich selbst und schließt die Tiere vom Paradies aus. Wie eitel und albern, wie überheblich. Wir sind eine bunte Gesellschaft auf dem Weg in die Ewigkeit. Stern und Baum, Ding, Mensch und Tier. Die lebendigen Scherben des zerbrochenen Spiegels. Hat der heilige Paulus es so gemeint? Und wenn der Spiegel wieder ganz ist, gibt es Tier, Mensch und Ding, Baum und Sterne nicht mehr.

Aber so lang es uns gibt, seien wir Kameraden! Große und kleine. Frei, gleich, brüderlich.

Pelzchen war Liebe auf vier Pfoten. Ein kleiner Tiger mit schwarzen Ringelstrümpfen und einem sechsten Sinn. Rief man ihn nur in Gedanken, kam er sofort und tat alles, worum man ihn wortlos bat. Alle Tage putzte er hingebungsvoll mein Gesicht. Wir haben ihm ein eigenes Liedchen geschenkt, und in der grünen Oper *Tulifant* tritt er singend und tanzend als Zukunft in Person auf.

Schneeflöckchen war schüchtern wie seine Mama und hatte traurige Kinderaugen. Er putzte alle, und ihn putzte keiner. Bis auf mich. Irgendeiner, fand ich, musste es tun. Schneeflöckchen war unser übersinnlichster Kater. Zeigte ein Erdbeben an und den Tod meiner Mutter in Wien. Ich weiß nicht, wie sie ausgeschaut hat, als sie den Wiesenweg zu unserem Haus herunterkam. Schneeflöckchen hat sich zuerst sehr vor ihr gefürchtet. Ich stellte einen Korbstuhl für sie hin und versuchte, ihr den Tod zu erklären. Der Kater strich laut klagend um ihre Beine.

Eigentlich haben alle unsere Katzen Geister gesehen. Nachts wichen sie rücklings vor einem Spuk, den ich nicht wahrnahm, zurück. Schreiend und mit gesträubtem Fell verkrochen sie sich unter den Schränken. Auf der ganzen Welt wimmelt es, vermute ich, nur so von Toten. Sie sind alle lebendig und bleiben selbstverständlich nicht in ihren Gräbern. Da wären sie schön dumm!

Wie soll ich es Ihnen, die mich vielleicht mitleidig belächeln, erklären? Wir leben in einer Kultur, die uns lehrt, »Ich« zu unserem Körper zu sagen. Andere Kulturen identifizieren sich nicht mit ihm, was für ihre Intelligenz spricht. Carl Friedrich von Weizsäcker, der bedeutende Physiker, hat einmal gesagt: »Leib ist die Art, wie eine Seele einer anderen Seele erscheint.« Und er behauptete nicht, dass es die einzige Art wäre.

In Rindlberg gingen die Geister um, und allmählich haben wir uns an sie gewöhnt. Dass wir sie wahrnahmen, mag an den gekreuzten Wasseradern liegen, auf denen wir lebten. An dem unterirdischen See, auf dem unser Haus stand und von dem ich erst jetzt erfuhr. Und am Granit. Er strahlt nämlich ein Gas ab, das man Radon nennt, und bei dem einigermaßen sensible Leute in Trance fallen können.

Stellen Sie sich aber keine Ohnmächtigkeiten darunter vor, ganz im Gegenteil! Trance kommt von transire, hinübergehen. Einfach in einen höheren Zustand des eigenen Bewusstseins, dem eine andere Wahrnehmung entspricht. Dabei treten gewisse Veränderungen im Körper auf. Der Blutdruck sinkt, der Puls beschleunigt sich, und Thetawellen entstehen im Gehirn. Krankhaft ist überhaupt nichts daran. Zu allen Zeiten und an allen Orten haben Menschen, um ihr Bewusstsein zu erweitern, sich in der Trance geübt.

Gottfried von Einem, unsere Katzen und ich übten uns nicht darin. Tiere sind sowieso hell- und geistersichtig, und uns ist es passiert. Am Anfang waren wir gar nicht glücklich darüber. Später allerdings waren wir froh, dass sich das Tor in andere Wirklichkeiten nie mehr ganz für uns schloss. Eine einzige Wirklichkeit, noch dazu eine so alberne, ist nicht genug.

Als Nächster trat Mea Mea Seidenprinz in unser Leben. Ein wunderschöner blauäugiger Kater. Nicht gerettet, wie die anderen, sondern geschenkt. Und sehr süß.

Gättchen fauchte. Zuerst fauchte sie Mea Mea an, dann mich und dann Gottfried. Zuletzt fauchte sie ihr Futterschüsselchen an und ging. Was haben wir alles versucht, um sie zurückzugewinnen! Lockungen, Leckerbissen, Nachschleichen. Ja, ich demütigte mich so weit, sie um Verzeihung zu bitten. Sie fauchte. Und schnurrte die Nachbarn an. Natürlich erlagen sie ihr. Eines Tages hörte ich den Greißler zu unserer Katze sagen: »Gelt, zu die Blöden da unten gehst nicht zurück!« Sie blieb. Die Blöden waren sehr traurig.

Dafür wurde eine dreifarbige Glückskatze vor unserer Tür ausgesetzt. Kaum größer als meine Hand, und auch sonst … »Die schaut ja aus«, sagte die Nachbarin, »wie a Biafra-Plakat!« Zum Glück gab es in Bad Großpertholz einen hervorragenden Tierarzt. Homöopath, und er akupunktierte sogar Kühe. Die Katze wurde gesund, und wir nannten sie Dudelinchen.

Ihr folgten bald darauf zwei kleine getigerte Kater, die ich mit dem Fläschchen großzog. Die beiden Schakale, dann Schakalettchen, wie Gottfried sie nannte, hielten uns für ihre Eltern, was wir in gewissem Sinne auch waren, und hefteten sich an unsere Fersen. Aus lauter Angst, sie zu zertreten, schlurften wir nur mehr in Socken durchs Haus.

Ja, Bocki Meckertier! Den kleinen Ziegerich hätte ich beinahe vergessen. Wir erwarben ihn vom jungen Maler im Nachbarwald, und mit ihm erwarben wir jede Menge Probleme. Dabei war er reizend. Allerdings fraß er Gottfrieds Flieder auf, die Rosen und unser Telefonbuch in der Mansarde. Die Treppe machte ihm großen Spaß. Ließen wir ihn auch nur drei Minuten auf der Wiese allein, schrie und weinte er wie ein Kind. Ich hörte auf, Theaterstücke zu schreiben. Ach was, Literatur! Bocki Meckertier verlangte energisch nach meiner Gesellschaft.

Dann kam er in die Pubertät und fing an, mich heimtückisch zu verfolgen. Eifrig bestrebt, mit seinen Hörnern mein Hinterteil aufzuspießen. Ich verzieh ihm zwar, aber Gottfried nicht. Als er Bockis Hoden briet und verspeiste, weinte ich bitterlich.

Das Haus liegt etwa 300 Meter unter der Straße. In der Bärenlucke eben. Als wir dort einzogen, fuhren kaum zwei Autos täglich vorbei. Später wurden es leider mehr, und unter eines von ihnen geriet unser Seidenprinz Mea Mea. Immer schon wurde er von einem Dämon gejagt, den wir nie sahen. Er aber raste durch die Stuben und versteckte sich überall. Warum hat er sich nicht vor dem Auto versteckt? Hintereinander brachte ich ihn zu drei Tierärzten, und alle drei schüttelten nur den Kopf.

Wieder in meinem Zimmer, legte er sich zum Sterben auf den Boden. Dabei stieß er kleine, zärtliche Laute aus. Es klang, als nähme er Abschied von mir. Ich legte mich zu ihm. Spürte, wie er langsam kalt wurde.

Bäume sind kosmische Wesen einer höheren Ordnung. Ich rief unseren alten Kirschbaum, den ich manchmal umarme, weil ich ihn so lieb habe, zu Hilfe. Legte meine Hände auf seine Rinde und dann auf Mea Meas Fell. Wer sagt denn, dass nur Heilige Wunder wirken? Oder dass keine Kirschen auf Heiligen wachsen? Mein Kater wurde vom heiligen

Für Mami

Kirschbaum gerettet, allerdings hinkte er nun. So schlimm, dass es einem das Herz im Leib umdrehte. Zufällig las ich gerade, in der Geburtsstunde des Geburtstags darf man sich etwas wünschen. Ich wartete den Tag ab und die Stunde. Dann wünschte, wünschte, wünschte ich. Jetzt dürfen Sie raten …

Wir halten unsere Wirklichkeit für starr und von physikalischen Gesetzen bestimmt. Das ist ebenso richtig wie falsch. Unter gewissen Bedingungen wird sie biegsam. Es ist unsere psychische Energie, die sie zum Schmelzen bringt, weich macht und formbar. Seit ich das weiß, verfluche ich niemanden mehr. Die Erfüllung von Flüchen und Wünschen hängt von ihrer Heftigkeit ab. Nur selten wünschen wir das Gute ebenso leidenschaftlich wie Böses. Bei Mea Mea glückte es, und später bei Dudelinchen.

Kleiner Drache Dududu, wie haben wir sie geliebt. Kam sie unter ein Auto, fiel sie vom Baum? Wir wussten es nicht. Sie konnte nicht mehr laufen. Der erste Tierarzt schickte mich zum zweiten. Die Röntgenbilder zeigten eine gebrochene Hüfte und gequetschte, zerrissene Sehnen. Sie würde nie wieder gesund werden, sagte er. In einem Weidenkörbchen trug ich sie fortan mit mir herum.

In den Nächten redete damals mein erster Jenseitiger mit mir: Jörg Mauthe. Ich klagte ihm Dudelinchens Leid. »Stell sie dir«, sagte er, »so oft du daran denkst, heil und gesund vor. Stell dir vor, wie sie über die Wiese läuft, auf Bäume klettert und springt.« Ich tat es. Nach ein paar Wochen sprang sie mir auf den Kopf, kletterte an den Wänden unserer Wiener Wohnung hoch und riss vergnügt alle Stofftapeten herunter.

Mümmys Schicksal konnte ich nicht wenden. Ihn, der mich so liebevoll in den Finger biss und dessen Pfötchen ich schlafend in meiner Hand hielt, kratzte ich mit dem Spachtel von der Straße. Wir begruben seinen zerstückelten Leib, und ein kleines weißes Knöchelchen behielt ich als Andenken. Gottfried sah ihn manchmal um den Apfelkeller streichen, übers Dach rennen und mitten in der Mauer verschwinden.

Auch unsere lebendigen Katzen sahen die toten. Folgten ihnen mit ihren grünen und goldenen Augen, wichen zurück, versteckten sich, in ihrer Angst sogar vor den eigenen Futternäpfen. Gingen die jenseitigen Kater ans Futter, versuchten zu fressen? Während der ersten Tage stellte ich immer eine Schüssel Milch auf ihr Grab. So hielten wir es auch mit toten Freunden, wir bewirteten sie. Nicht mit Milch! Das hätte ihnen wohl wenig Freude bereitet. Nein, wir gossen im Sommer roten Wein in die Erde, und im Winter ins Feuer des Kamins. Es war vor allem der Kamin, an den sie kamen.

Wir hatten damals eine kleine Wohnung im Wiener Blutgassenviertel, in der es zwar auch spukte, aber nicht annähernd so schön wie im Hexenhaus.

Elfriede Pipsian stand vor der Haustür, als ich gerade ausgehen wollte. Im November, und da war es schon bitterkalt. Nein, hübsch war sie nicht. Ich erschrak sogar, als sie mich ansprach. Obwohl ich nicht verstand, was sie sagte. In den Märchenbüchern meiner Kindheit las ich, man müsste vom Fleisch der weißen Schlange essen, um die Sprache der Tiere zu verstehen. Aber ich habe noch nie eine weiße Schlange getroffen. Und träfe ich eine, würde ich sie viel lieber bitten, meine Freundin zu werden, statt sie zu verspeisen.

Der Vogel, der wie ein Punk aussah, mit nur ein paar Federbüscheln und sonst ratzekahl, sagte so etwas Ähnliches wie »Pipsipipsipipsipiieeeps!«.

An der Ecke schwatzten zwei Frauen. »Wissen Sie«, fragte ich, »was das für ein Tier ist?« Das wäre, sagten sie, eine Taube. »Sie muss wohl sehr krank sein«, sagte ich. »Krank nicht«, sagten die Frauen, »nur jung.« »Was«, fragte ich weiter, »wird mit ihr geschehen?« »Verhungern wird sie«, sagten die Frauen, »wenn sie nicht vorher erfriert.«

Die Taube sagte nichts mehr. Sie hielt nur das Köpfchen schief und schaute mich an. Lieber Gott, und ich hatte drei Katzen! Vom Ehemann ganz zu schweigen. Aber daran zu denken, war jetzt keine Zeit. Ich nahm Elfriede, die sich nicht wehrte, und trug sie ins Haus.

Sie piepste begeistert. Ich küsste sie auf die kleine Glatze. Dann machte ich sie vorsichtig mit unseren Katzen bekannt. Schneeflöckchen, Mea Mea Seidenprinz und Midududududududu. »Wir spielen jetzt Paradies«, sagte ich. »Also habt euch gefälligst alle sehr lieb!« Schneeflöckchen, mein schüchterner Stiernacken, verkroch sich unterm Tisch. Mea Mea blickte mich aus blauen Augen erstaunt an. Nur Dudu stupste mit ihrem rosigen Näschen die Taube freundlich und neugierig an. Der Apfel der Erkenntnis hing noch am Baum.

Elfriede schnäbelte mit mir und bedeckte alles mit glückbringendem Taubendreck. Gottfried, mein Mann, betrachtete stumm zuerst die Taube, dann mich. Er ist an kranke Eichhörnchen im Bad gewöhnt, an dicke fröhliche Mäuse in der Speisekammer, und wenn ich im Winter die Fliegen füttere, seufzt er nur. Ja, er rettet sogar selbst schon die Spinnen aus der Badewanne, Maulwürfe aus Katzenmäulern, und er friert standhaft im Komponierzimmer, wo die Schmetterlinge ihren Winterschlaf halten.

Elfriede Pipsian bekam einen großen Käfig, und dann fuhren wir alle miteinander nach Rindlberg zurück. Ich zeigte ihr den Kirschbaum, den Holun-

der, den Wald. Die drei Katzen saßen vor dem Tau-
benkäfig und starrten Elfriede ernst und unverwandt an. Auch Gottfried besuchte sie gern, und sie
führten lange, sehr täubische Gespräche.

Ich schleppte Elfriede überallhin mit, denn ich
traute dem Katzenfrieden noch nicht. Rief ich nur
ihren Namen, antwortete sie sogleich eifrig mit
einer ganzen Jubellitanei. Nach jeder Fütterung
schlüpfte sie in meinen Pullover und schmiegte
sich unter meine Achsel. So schliefen wir manchmal, und eins war des anderen froh. Dudu gesellte
sich als Erste zu uns, dann Mea, und zuletzt sprang
auch Schneeflöckchen auf mich. Da lagen wir alle
fünf, eine Familie.

Es war der Himmel auf Erden. Oder die Erde im
Himmel, denn wo sollte sie sonst sein? Dass wir
beide getrennt voneinander erleben, ist eine unserer tragischen Merkwürdigkeiten, und wir haben
eine Menge davon. Zum Beispiel glauben die meis-
ten, ein Mensch könnte sich nur in andere Menschen verlieben. Was für einen engen Begriff haben
sie von der Liebe! Und auch von sich selbst.

Elfriede, meine süße kleine Taube, zu lieben, war
die natürlichste Sache der Welt. Und dann habe ich
sie, weil ich nicht wirklich ans Paradies glaube,
getötet. Für die Dauer eines langen Konzertbe-
suchs warf ich einen Plaid über ihren Käfig. »Jetzt«,
sagte ich, »bist du vor neugierigen Katzenpfötchen

beschützt.« Ist sie erstickt? Ich werde es nie wissen.

Das Grab unter der Heckenrose, den Birken, der Drehhasel. Zuerst hatten wir Wui Wui eingegraben, dann Pelzchen, Mummy, Sabinettchen hatten wir nie gefunden. Irgendwann war ein altes Eichhörnchen dazugekommen und ein fremder bunter Vogel.

Ich schaufelte die kleine Grube aus und hüllte Elfriede Pipsian in den Pullover, unter den sie so gern gekrochen war. Allen Tieren gebe ich ein Stück von mir auf die Reise. Die rote Jacke, das gelbe Seidentuch, irgendetwas, das ich selbst mag. Gottfried, Schneeflöckchen, Mea Mea und Dudelinchen bildeten den Trauerzug. »Du musst ihr«, sagte Gottfried, »noch ein paar Körner mitgeben.« Ich tat es, und das Wasser für ihren Durst floss aus meinen Augen.

Unsere nächste Liebe hieß Zizi Klapperschlange. Der junge Maler brachte sie uns. »Ich muss sie sonst umbringen«, sagte er. Denn er hatte schon ein oder zwei Dutzend Katzen. Also blieb sie bei uns. Eine graue, blauäugige Halbsiamesin. Zuerst hieß sie nur Zizi. Weil sie aber beim Anblick jedes Schmetterlings oder gar Vogels begeistert mit den Zähnen klapperte, nannten wir sie Klapperschlange. Doch nie hat sie einem Vogel oder Schmetterling etwas zuleide getan.

Nur alle Kabel zerbiss sie, und das Weidenkörbchen, in dem wir sie nach Wien mitnahmen. Als es vollends kaputt war, sprang sie freudig im Auto herum. Als sie auf meinem Lenkrad landete, sagte Gottfried: »Die behalten wir nicht, nein, kommt überhaupt nicht in Frage.« Dann wurde es merkwürdig still. Als ich endlich einen Blick auf meinen erzürnten Ehemann wagte, saß Zizi auf seinem Schoß, und er hielt ihr Pfötchen in seiner Hand.

Die Jahre mit Zizi waren überaus glücklich. Sie schlief, und zwar prinzipiell, nur auf meinem Gesicht. Wenn sie nicht schlief, saß sie nachts auf dem erkalteten Backofen und zitterte. Denn ihr Fellchen war seidendünn. Nur ihretwegen haben wir in allen Küchen elektrische Heizplatten an die Wand montiert. Davor stellten wir einen kleinen Polsterstuhl, so hatte sie es warm und gemütlich. Das schätzte auch Mea Mea Seidenprinz, und einträchtig lagen sie beieinander.

An einem Augustabend starb Schneeflöckchen unter einem Auto. Er schrie wie ein Kind. Wir waren unendlich traurig. Aber im September haben wir ihn beide in meinem Zimmer gehört. Es klapperte auf der alten Truhe. Etwas Unsichtbares spielte mit den hübschen Dingen, die darauf lagen. »Da hat sich doch gerade neben mir eine Katze geputzt«, sagte Gottfried und schaute beunruhigt hinter den Ofen. »Ich habe das Schlecken deutlich gehört, und jetzt ist keine da.« Er wollte der Sache auf den Grund gehen. Guckte unter mein Bett, kroch hinter die Möbel – nichts. »Schneeflöckchen«, sagte ich. Dachte an Wui Wui, der in meinem Zimmer gespukt hat. Und an die fremde Dame, die mich aufsuchte, weil ihr toter Kanarienvogel plötzlich zu singen begann. Ihr Ehemann rannte in panischer Angst aus dem Zimmer. Das tat mein Gottfried nicht. »Alles wird«, sagte er nur, »immer mehr transparent. Das Holz, die Möbel ...« Vielleicht wurde nur unser Bewusstsein transparent.

Am nächsten Tag rief eine Freundin aus der Umgebung Zwettls an. Sie hatte gerade vier Kätzchen, die man erschlagen wollte, versteckt. Könnten wir ganz geschwind kommen und eines holen? Es war schon finster. Wir fuhren sofort los.

»Das?«, fragte der Tierarzt und starrte die schwarze Winzigkeit in meiner Hand an. »Das wollen Sie durchbringen?« Ich wollte. Die Milch kam aus der Pipette, verhungern würde das Katerchen also nicht. Aber das Gegenteil? Aus Erfahrung wusste ich, dass Katzenmütter die Exkremente ihrer Jungen liebevoll absaugen. O Gott, und ich bin so ein Ästhet. Ginge dieser Kelch nur an mir vorüber ... Er ging. Ich musste nur sein Bäuchlein massieren, schon piepste er, und schwupps!

Er war schwarz wie ein Rawuzel, und so nannten wir ihn. Genau einen Tag nach Schneeflöckchens

Tod kam er auf die Welt, und eine weiße Schneeflocke saß ihm auf der Brust. Aber schüchtern war er überhaupt nicht. Er jagte unsere fünf großen Katzen durchs Haus und auf die Schränke. Nachts warf er sie kurzerhand aus meinem Bett. Sie waren dermaßen verblüfft, dass sie sich alles gefallen ließen. Zizi Klapperschlange aber liebte er. Sie umsorgte ihn zärtlich, eine schöne junge Mama.

Dann muss irgendetwas passiert sein. Aus dem Alpha- wurde ein Omega-Tier. Von Stufe zu Stufe fiel er in der kätzischen Rangordnung, bis er auf dem letzten Platz landete. Nun war er dem armen Schneeflöckchen ähnlich. Während eines Seminars, das ich – schon in Oberdürnbach an der Grenze von Wald und Wein – hielt, ist er spurlos verschwunden.

Monatelang suchte ich ihn. Ließ die Katzentür, auch wenn wir in Wien waren, offen und füllte seinen Napf mit Leckereien. War das eine Freude, als er eines Tages leer und der Abdruck seines Körperchens in unseren Betten war. Eine Freundin legte sich auf die Lauer und fing ihn ein. Er kratzte und biss, als ich ihn in die Hofburg brachte. Dort saß er drei Monate lang unter meinem Schrank. »Er muss ein Trauma erlitten haben«, sagte mein Mann.

»Kein Trauma!«, erklärte der Herr, der gerade ein Video mit mir drehte. »Das Tier ist besessen.« Auf ein Blatt Papier zeichnete er ein Pentagramm. »Das zeigen Sie ihm«, sagte er, »und der böse Geist fährt heraus.« »Kein Pentagramm«, widersprach unsere Nachbarin, eine sehr fromme Dame. »Weihwasser! Ich hab dir Weihwasser aus der Michaelerkirche gebracht.« Fortan spritzte ich abwechselnd Weihwasser unter den Schrank und hielt dem Dämon das Pentagramm unter die Nase. Vergebens. Rawuzelchen fauchte und biss mir beinahe den Daumen entzwei.

Wir holten professionelle Hilfe, Rawuzel kam zum Tierarzt – und war gar nicht Rawuzel. Ein fremder unkastrierter Kater saß unter meinem Schrank. Wir nannten ihn Spiriterl, kleiner Geist, und gewannen ihn lieb. Bald schon zog ein großer Geist bei uns ein: Gottfried von Einem, er ist am 12. Juli 1996 in Oberdürnbach gestorben.

Gestorben? »Es gibt kein Ich, keine Zeit, keinen Tod«, hat er einmal zu mir gesagt. Aus Relativitätstheorie und Quantenphysik wissen wir, dass Zeit und Materie Illusion sind. Wer oder was lebt also, und was oder wer stirbt? Irgendwann am Rindlberger Kamin: »Ist der Körper die Brücke«, habe ich Gottfried gefragt, »die zwei Wirklichkeiten verbindet? Und im Alter wird die Brücke morsch, bröckelt ab und stürzt ein.« »Falsch!«, sagte er. »Das Alter ist das Gehen über die Brücke, und immer kommen wir an.« Wer geht, wer kommt an? Wenn auch das »Ich« Illusion ist …

Ich hörte von einer Tierquälerin, die ein Kätzchen folterte. Da habe ich es natürlich entführt. Eine Feministin! Kaum sah sie die Kater, knurrte sie ärgerlich und zischte sie an. Ich nahm die rote Fuxi nach Tottendorf mit, schon wieder ein anderes Dorf, ein anderes Haus, ich erzähle es noch.

Es zog mich immer wieder nach Rindlberg. In der Scheiben, dem Nachbardorf, hat Wui Wui zum ersten Mal die Liebe erlebt. Zweiundzwanzig Jahre später lief ein graugetigertes Katzerl dort auf und ab. Schon seit Tagen, wie mir die Leute berichteten, und völlig verzweifelt. Ich nahm es auf den Arm. »Iju!«, sagte es, und ich: »Angenehm, Ingrisch.« Iju, vielleicht Wui Wuis späte Urururururenkelin?

Der rotblonde Goldi stammt aus einer Mülltonne in Gmünd. In unserer ersten gemeinsamen Nacht biss er mich zart in die Nase, in die Ohren und putzte mich hingebungsvoll. Wie gewöhnlich war ich verloren. Ein Jagdhund hatte Tüpferl totgebissen, und von Anfang an nahm Goldi dessen sämtliche Eigenschaften und Gewohnheiten an. Übersinnlich, höflich, ein Kavalier. Versteckt sich hinter den Blasbälgen des Harmoniums, schärft seine Krallen prinzipiell an der Türmatte, mir kam ein Verdacht. War er am Ende gar …?

Dann starb Schnäuzlein, er war schon ein sehr alter Herr. Goldi schrie plötzlich wie eine Frau. Aß nichts mehr, trank nichts mehr, saß nur noch zitternd auf dem Schrank. Wochenlang wurde er künstlich ernährt. Auch auf den Röntgenbildern fand meine Tierärztin keine Krankheit. »Etwas Böses«, sagte sie, »ist in dem Kater.« »Reden Sie«, fragte ich, »von Besessenheit?« Sie nickte und empfahl einen Exorzisten.

Ich rief meinen Freund Ulrich Küchl, den zu Unrecht so miserabel behandelten Propst von Eisgarn, an. »Uli, kannst du …?« »Hab ich schon oft gemacht«, sagte er. Ich dachte nach. Offenbar war zuerst Tüpferls Seele und dann auch noch die vom

Schnäuzlein in Goldi eingezogen. Zwei geliebte tote Kater, und die sollte ich austreiben lassen? Wenn überhaupt, musste ich es selbst tun.

Ich besorgte genügend Weihrauch und lud meine vertikale Nachbarin vom dritten Stock, eine Pädagogik-Professorin, mitsamt ihrem Räucherfass ein. Goldi bibberte auf dem Schrank, wir schwangen die Fässer, und dazu beschwor ich und psalmodierte: »Tüpferl, Schnäuzlein, fahrt heraus aus dem Goldi, zwei sind zu viel für ihn, kommt! Ich schick euch nicht fort, fahrt in mich ... Fahrt aus dem Goldi heraus und in mich hinein, fahrt in mich ein, fahrt in mich ein, huuiii!«

Nach zehn Minuten, Frau Professor Tunkel ist meine Zeugin, sprang Goldi vom Schrank, lief zum Milchschüsserl, trank und fraß gierig vom Futter, das ich ihm gab. Das ist eine zwar unwahrscheinliche, aber wahre Geschichte.

Goldi ist wohl die letzte Katze in meinem Leben. Aber wer weiß? Womöglich haben wir viele Biografien. Doch möchte ich in keiner von ihnen ohne Tiere sein, und ohne Geister.

JAJA, DU LIEBE LOTTE.

Ich sitze bei meinem Computer. Kater Nicolaus verrichtet seine Pflichten, das heißt unermüdlich vor meinem Bildschirm hin und her zu gehen und mich nicht schreiben zu lassen. Wenn er einen Moment stillsteht, benütze ich die Zeit, um ihm ganz ruhig in die Augen zu schauen.

Wer hält das länger aus? Wir beide.

Butzi leidet sehr unter dem Verlust von Mutzi, magert ab, wir haben Angst um ihn. Nach einiger Zeit hat er sich wieder fürs Leben entschieden. Er wird so lieb wie nie zuvor.

Unsere Freundin Lore Krainer wurde immer von vielen Katzen beherrscht. Ich war bei ihr auf Besuch, um mit ihr zu arbeiten. Sie half mir nach dem Tod von Hans Weigel bei der Bearbeitung der Stücke meiner Nestroy-Spiele in Maria Enzersdorf. Überall saßen Katzen in allen Größen und Farben. Von allen Seiten schauten mich große Augen an. Ihre Katzenliebe hatte sich herumgesprochen, und so landeten immer wieder ungewollte Katzen über den Zaun in Lores Garten. Wie es so geht, wurden die Katzen im Laufe der Zeit immer weniger, und auf einmal war sie mit einer alten Katze allein.

Da haben wir die Idee gehabt, ihr welche zu bringen.

Ich habe sie angerufen und gefragt: »Lore, du bist jetzt in einer schlechten Verfassung. Möchtest du wieder eine Katze haben?«

Die Antwort von der sehr resoluten Lore: »Nein!«

Ich: »Möchtest du vielleicht zwei Katzen?«

»Nein!!«

»Was denn?«

»Drei!!!«

Fritzi ist eine ungeheure Spezialistin im Finden von Tieren, denen es nicht gut geht. Und so hatte sie eine Adresse entdeckt, an der ein Ehedrama stattfand. Der Mann hat seine Frau aus der Wohnung geschmissen und sie ist mit ihren Katzen dagestanden. Aber die Katzen durften noch eine Zeit ganz allein in der Wohnung verbringen, und jene Frau durfte sie noch füttern kommen und erwartete uns. Nach einer kleinen Odyssee im 12. Bezirk, haben wir, Fritzi, Goran und ich, die genaue Adresse, einen Gemeindebau mit Aufgängen an allen Ecken und Enden, endlich gefunden und sind hinauf, um die Katzen zu holen. Die Frau öffnete uns, Goran sah zwei Katzen, schnappte sie, gab sie in unsere mitgebrachten Körbe und machte sie zu.

Ein schreckliches Gewimmer von der Katzenmutter verfolgte uns.

Als wir wieder unten waren, in dem Verwirrhof, sagte Goran: »Ich hab doch noch eine Katze gesehen, warum haben wir die nicht auch mitgenommen?«

Ich: »Natürlich, wir brauchen ja ohnehin drei für Lore.«

Er ist wieder hinaufgerast und hat ganz außer Atem gesagt: »Ich nehme die dritte!«

Und die Frau hat geschluchzt: »Danke! – ich hab mich nicht getraut zu sagen, dass es drei sind.« Er hat die dritte geschnappt und ist wieder heruntergelaufen.

Seitdem schlafen wieder vier Katzen in Lores Bett.

Unlängst habe ich mit ihr telefoniert. Sie sagte mir, sie sei gerade einen neuen Fernseher kaufen.

Bei einer wilden Jagd über Möbelstücke haben die Katzen ihren Fernsehapparat zertrümmert. Auch die neue Sitzgarnitur hat leicht gelitten.

LORE KRAINER

Als meine Katze starb

Als meine Katze starb,
weinten die Bäume im Garten
und ihre Tränen tropften von den Zweigen …
Als meine Katze starb,
schwiegen die Vögel still –
die Vögel,
denen sie so gewissenlos und fröhlich nachgestellt
    hatte …
Eigentlich hätten sie jubilieren müssen,
die Vögel,
aber sie schwiegen
aus Respekt vor dem Tod des Feindes.
Als meine Katze starb,
wurde der blühende Garten leer …

HUGO, was habe ich mit dir und durch dich und über dich gelacht. Ich danke dir:

Beim Tierpsychiater

Ich weiß nicht, was in ihn gefahren war, aber eines Tages erledigte unser Kater Jacky sein – wie soll ich es sagen – »kleines Geschäftchen« nicht wie gewöhnlich in seinem Kistchen, sondern in unserem Schlafzimmer. Und das nach fünf Jahren absoluter Reinlichkeit, und direkt auf den Tigerkopf, der mit anschließendem Fell vor meinem Bett liegt und den ich, während einer Afrikasafari, in Kenia selbst gekauft hatte. Wir wollten ihn nicht strafen. Wir behandelten die Angelegenheit äußerst taktvoll und verhielten uns ungefähr wie Queen Elizabeth und Prinz Philipp, als sie erfuhren, dass ihre Tochter, Prinzessin Anne, gewisse Beziehungen zu einem Bürgerlichen habe. Das heißt, wir machten uns nichts wissen. Einmal ist keinmal – vielleicht gibt er es von selbst wieder auf. Ich meine den Kater und nicht den Bürgerlichen. Letzterer hat es nicht aufgegeben, aber »That's not our business«, wie die Franzosen sagen, wenn sie Englisch sprechen. Ich nahm den Kater und trug ihn ins Vorzimmer, während meine Frau den Tigerkopf reinigte. Jacky sollte nicht wissen, dass wir sein Tun bemerkt hatten.

Wir sprachen auch nicht darüber. Vorbei. Am nächsten Tag dasselbe, wenn auch mit einer kleinen Variante. Diesmal war es nicht der Tigerkopf, den Jacky beehrte, sondern der Frühstückstisch. Meine Frau sah mich stumm-verzweifelt an. »Was jetzt?«, schien ihr Blick zu fragen. Ich schüttelte überlegen den Kopf. »Einmal ist keinmal, daher zweimal einmal, und einmal keinmal.« Nach dieser Feststellung, über die sich die Hugo-Wiener-Forscher einmal ebenso den Kopf zerbrechen werden wie unsere heutigen Wissenschaftler über das Hexeneinmaleins von Goethe, nahm ich Jacky und trug ihn hinaus. Meine Frau putzte inzwischen die Glasplatte unseres Frühstückstisches mit einem Mittel, von dem sie schon lange wissen wollte, ob es, wie die Dame im Fernsehen versichert, wirklich keine Kratzer macht. Es *macht* Kratzer. Schweigend frühstückten wir, bis meine Frau endlich sagte: »Jetzt habe ich es zweimal weggeputzt. Wenn es morgen wieder passiert, kommst *du* dran.« Ich nickte. Ich wusste, dass es nicht wieder passieren würde. Es passierte. Auf meinem Schreibtisch und grad auf einem Vertrag, den ich zur Unterschrift vorbereitet hatte. Meine Frau reichte mir mit einer gewissen Schadenfreude Tuch, Seife, Lysoform und Lysol, und bald roch es in meinem Arbeitszimmer wie in einem Operationssaal. Allerdings hätte sich das vermeiden lassen, wenn ich nicht die Flasche mit dem

Lysol umgeworfen hätte. Es kam der nächste Tag. Wir erwachten, stiegen aus unseren Betten (wir haben zwei!) und untersuchten. Tigerkopf – nichts, Frühstückstisch – nichts. Schreibtisch – nichts. Fauteuil! Und grad einer von den neuen mit dem kostspieligen Seidenüberzug. »Es steht 2:1«, sagte meine Frau, »und es wäre wieder *deine* Sache, das zu entfernen, aber ich lasse mir durch deine vertrottelte Ungeschicklichkeit nicht auch noch ein Fauteuil ruinieren.« (Es war eine versteckte Anspielung auf die umgeworfene Lysolflasche.) Sie nahm ein Pulver, von dem eine Dame im Fernsehen behauptete, dass es jede Art von Flecken entfernt. Sie schüttete ein wenig auf die feuchte Stelle, ließ es eine halbe Stunde einwirken und bürstete es dann wieder weg. Der Fleck war entfernt, leider auch die Farbe des Seidenüberzugs. Das ist aber nicht die Schuld des Fernsehens. Übrigens sah es gar nicht so schlecht aus. Silberglänzende Seide mit diskretem Blumenmuster und einem weißen Fleck auf der Sitzfläche. Jacky müsste die andern drei Fauteuils genauso bearbeiten. Ob ihm das gelingt?

»Ich mache das nicht mehr mit«, erklärte meine Frau.

»Was willst du tun?«

»Ich rufe Frau Springer an.«

Frau Springer ist eine ausgesprochene Katzenfreundin. Sie muss es sein, sie hat neun Katzen. Ihr

Mann ist ein ausgesprochener Katzenfeind. Er muss es sein, seine Frau hat neun Katzen. Eines dieser Tiere, den Kater Anatol, hasst Springer besonders. Dreimal hatte er ihn schon heimlich aus dem Haus getragen, Anatol war immer wieder zurückgekommen. Vor einigen Monaten wechselten die Springers ihre Wohnung, sie übersiedelten von der Stadt nach Grinzing. In der allgemeinen Aufregung, die jede Übersiedlung mit sich bringt, trug Springer den Kater wieder fort. Sechs Kilometer weit – eine fremde Gegend –, er überließ ihn seinem Schicksal. »Und?«, fragte einer seiner Freunde, als er die Geschichte im Kaffeehaus erzählte. »Hast du ihn jetzt endlich verloren?« – »Verloren?«, schrie Springer wütend. »Wenn ich dem Vieh nicht nachgelaufen wäre, hätte ich nicht mehr nach Hause gefunden.« Das nur nebenbei.

»Ich bin verzweifelt, liebste Frau Springer«, klagte meine Frau am Telefon. »Sie verstehen doch so viel von Katzen. Unser Jacky, der immer zimmerrein war, hat es sich nach fünf Jahren plötzlich anders überlegt. Was kann man da tun?«

»Das ist schwer«, hörte ich Frau Springer sagen. »Wenn eine zimmerreine Katze plötzlich nicht mehr zimmerrein ist, hat das seinen Grund. Am besten ist es, Sie gehen zu einem Tierpsychiater. Kennen Sie Dr. Leiser? Ich werde Sie anmelden, sonst müssen Sie stundenlang warten.«

Also gaben wir Jacky in seine Tragetasche und gingen zu Dr. Leiser. Ich war neugierig, wie die Untersuchung vor sich gehen würde. Wird man von Jacky verlangen, dass er, auf einer Couch liegend, von seiner Jugend erzählt? Man wird sehen. Im Vorzimmer warteten bereits Hunde, Katzen, Vögel. Auch ein Goldfisch war da. »Seit drei Tagen frisst er nicht«, erzählte sein Frauchen eben, worauf ein neben ihr sitzender Hamstereigentümer meinte: »Mit Fischen hat man es schwer, weil sie nicht verstehen, was man ihnen sagt.« – »Der versteht nicht?«, entrüstete sich die Fischbesitzerin. »Der versteht jedes Wort. Wenn er schlimm ist, brauche ich ihm nur eine Sardinenbüchse zu zeigen und zu sagen: ›Damit du siehst, wohin schlimme Fische kommen!‹ – und schon ist er wieder brav.« Ich weiß nicht, inwieweit ein Goldfisch schlimm oder brav sein kann, ich hatte auch keine Zeit, darüber nachzudenken. Eben öffnete sich die Tür zum Ordinationszimmer und heraus trat der Tierpsychiater mit einer Dame, die einen Vogelkäfig mit einem Papagei in der Hand trug. »Schafskopf!«, rief der Papagei dem Arzt zum Abschied zu. Alle Anwesenden lachten. »Der Nächste, bitte!«, sagte der Arzt. Wir gingen hinein. Alle Anwesenden tobten. Es hätten vor uns noch zehn andere Tiere drankommen sollen. Die Hunde bellten empört, die Katzen miauten erbost, die Vögel kreischten wutentbrannt. Nur der Goldfisch blieb stumm. Er dürfte wirklich krank gewesen sein.

Wir nahmen im Ordinationszimmer Platz.

»Wir bringen Ihnen unseren Kater«, sagte meine Frau.

»Leiser«, sagte der Arzt.

Meine Frau flüsterte: »Wir bringen Ihnen unseren Kater.« Sie hatte vergessen, dass der Arzt Leiser hieß. Er hatte sich uns bloß vorgestellt. Das Missverständnis wurde aufgeklärt. Wir lachten, soweit man in einem Ordinationszimmer lachen kann. Meine Frau berichtete, was Jacky in den letzten Tagen angestellt hatte.

»Hm«, machte Dr. Leiser. »Darf ich mir den Patienten einmal anschauen?« Dumme Frage. Wozu wären wir sonst gekommen? Wir nahmen Jacky aus seiner Tasche und setzten ihn auf den Schreibtisch. Ich hatte kein gutes Gefühl. Auf dem Schreibtisch verstreut lagen die Aufzeichnungen Dr. Leisers, und Jacky blickte sie abschätzend an, als ob er schon wieder etwas vorhätte und sich die für seinen Zweck am besten geeignete Aufzeichnung aussuchen wollte.

»Na, kleiner Mann?«, fragte der Tierpsychiater und hielt Jacky den Zeigefinger hin. Jacky biss zu. Das hatte er noch nie getan. »Aggressive Depression«, meinte Dr. Leiser, während er die Wunde mit einem Pflaster verklebte. »Katzen sind Individua-

listen. Plötzlich passt ihnen etwas nicht, sie emp-
finden ein seelisches Unbehagen, das sich, wie in
Ihrem Fall, durch Unsauberkeit äußern kann. Es
wäre nun der größte Fehler, den Kater ›erziehen‹
zu wollen und seine Nase in das von ihm geäußerte
Unbehagen zu stecken. Das wäre ganz falsch. Das
Tier ist ja nicht unsauber, sondern gekränkt. Die
Ursache müssen wir aus dem Wege schaffen. Seien
Sie nett zu ihm, befassen Sie sich mehr mit ihm als
sonst, füttern Sie ihn, geben Sie ihm mehrmals am
Tag ein Stückchen Fleisch, eine Rosine – was er
eben gerne hat. Spielen Sie mit ihm. Und das Wich-
tigste: Beseitigen Sie alle Spuren, die er in den letzten Tagen hinterlassen hat, aus seinem Blick- oder
Geruchsfeld. Stellen Sie die Möbel um, die Katze
braucht Neuland. Geben Sie ihr Kistchen auf einen
anderen Platz, die Katze wird das akzeptieren und
sich wieder ändern.« Dr. Leiser schrieb noch ein
Rezept für Baldriantropfen und eine Rechnung auf
fünfhundert Schilling, und wir konnten gehen.

Jacky kränkte sich also. Aber worüber? Weil ihn
unser Briefträger scherzhaft ein »dickes Kalb«
genannt hatte? Das konnte es nicht sein. Auch
nicht, dass unser Hausbesorger, Herr Matschek,
fand, dass Jacky in gewissen Momenten eine Ähn-
lichkeit mit Frau Morländer vom dritten Stock
habe. Nein, Jacky war noch zwei Tage danach auf
sein Kistchen gegangen. Oder? Sollte er die Beleidi-

gungen zwei Tage in sich hineingefressen und erst am dritten Tag begonnen haben, sich zu kränken? All diese Fragen quälten uns, aber was immer es war, wir mussten mit der Therapie beginnen. Dr. Leiser hatte gesagt: »Geben Sie dem Tier mehrmals am Tag ein Stückchen Fleisch, eine Rosine – was es eben gerne hat.« Fleisch und Rosinen hatten wir nicht im Haus, wir schütteten also die Leber, die Jacky so liebt, in den Mülleimer und gaben dafür eine Banane in seine Fressschüssel. Das Tier hatte das *nicht* gern. Es sprang auf die Wäschebank und döste vor sich hin. Es kränkte sich. Was hatte Dr. Leiser noch gesagt? »Spielen Sie mit ihm mehr als sonst.« Ich sagte alle meine Verpflichtungen ab, darunter eine Theaterpremiere, ein Fernsehspiel und ein Cabaretprogramm. Meine Frau beauftragte ihre Managerin, ihr Engagement zu lösen und kein neues anzunehmen. »So, Jacky«, sagten wir, »jetzt werden wir mit dir spielen.« Wir knieten uns auf den Boden und spielten mit einem Ball, den Jacky ansonsten abzufangen und zu verstecken pflegte. Er fing ihn nicht ab, er versteckte ihn nicht. Er kränkte sich. Nach einiger Zeit bemerkten wir, dass wir – zwei ziemlich erwachsene Menschen – auf dem Boden knieten und miteinander Ball spielten. Jacky hatte uns längst allein gelassen. Angstvoll suchten wir ihn. Wir fürchteten, dass er seiner gekränkten Seele wieder einmal irgendwo Luft machen könnte. Auf der Klavierdecke zum Beispiel war er noch nicht gewesen. »Stellen wir die Möbel um«, sagte ich. Wir sperrten Jacky in eine Kammer und packten zu. »Das Tier braucht Neuland«, hatte Dr. Leiser gesagt, es sollte es haben. Nach ungefähr vier Stunden, in denen wir wie Möbelpacker gearbeitet hatten, ließen wir Jacky heraus. Er sah sich um. Wo war er? Er ging in das Schlafzimmer und fand keine Betten. An ihrer Stelle befand sich der Musikschrank aus dem Salon. Er lief in mein Arbeitszimmer, sprang auf den Schreibtisch und sah, dass er auf dem Küchenherd saß. Was war da los? Er wurde unruhig. Er jagte in den Salon und fand die vier Fauteuils um die Waschmaschine gruppiert. Er suchte den Tiger und entdeckte, dass dieser an der Wand hing. Und nun offenbarte sich uns die Genialität des Tierpsychiaters. Jacky geriet in Panik. Er rannte durch die ganze Wohnung, immer wieder, immer wieder, wir hinter ihm her – bis wir wussten, was er suchte: sein Kistchen. Er fand es in der Küche unter dem Barocktisch. Aufatmend sprang er hinein, setzte sich auf die Katzenspreu und – muss ich erzählen, was er dort machte? Wir standen selig dabei und sahen ihm zu. Er hatte sich wiedergefunden.

Wir wissen, dass er uns liebt. Alle beide. Drum sage ich jetzt, sooft meine Frau etwas an mir auszusetzen hat: »Sei still – er könnte sich kränken.«

ICH WAR DAMALS JEDEN ABEND in den Kammerspielen und bin an einem Abend wieder einmal müde nach Hause gekommen. Ich wollte mich ins Bett legen und erstarrte, denn in meinem Bett, mit dem Kopf auf meinem Polster, lag ein winziges Wesen. Es war so klein, dass ich es im Moment nicht zuordnen konnte. Es war ein junger Chihuahua. Ein kleiner Bubi-Engel, der mir ein Ersatz nach Bubi war. Von diesem Moment an lebt dieses Wesen an meinen Füßen und erwärmt mein Herz.

Nach kurzer Zeit belagerte uns der schon viel beschriebene Mr. Nicolaus. Seine erste Tat war ein Ausflug auf einen Baum. Er setzte sich auf den Baumwipfel und schrie, so laut er konnte. Bis die Fritzi ihn mit der Leiter mühsam herunterpflückte.

Jetzt liegen wieder drei Katzen beim Computer.
Wir fahren auch wieder mit drei Katzenkörben nach Maria Enzersdorf und zurück. Nicolaus ist problemlos, er benimmt sich wie ein Hund und sitzt bei uns. Nur wenn Vollmond ist, wird er zu einem echten Kater, er betet ihn an. Dieser Mondkonkurrenz konnte er nicht standhalten.

Minki hatten wir noch über zehn Jahre – sie muss zwanzig Jahre alt gewesen sein –, sie schlief von alleine ein. Kater Butzi lebte seine letzten Jahre in Freundschaft mit Nicolaus. Und dann war Nicolaus allein und wandelte sich zum Alleinherrscher unserer gemischten Familie.

Der letzte Stand: ein Kater, drei Hunde, in schönster Eintracht.

Dass es je möglich sein könnte, ein Buch über unsere Tiere zu schreiben, war nicht in meiner Vorstellung. Über alle zu erzählen, die durch mein Leben gewandert sind, wäre auch nicht möglich.

Ich beginne jetzt einen Schlusssatz für dieses Buch – es läutet das Telefon, ich wende mich ab, da hat ER sich schon eingemischt. Da steht:

»oiqhsuiqhuaHLKXJLKuijj-Öiy(w8z81^w81u-18w1^0ÄÖ'Ä'<::;LUÖLÖLä+lllp69bmKmm«

Vielleicht schreibt er bald ein Buch über mich – er würde nur zwischen jedem Satz sechs Stunden schlafen.

Wenn ich noch etwas über Katzen wissen wollte, müsste ich Herrn Baudelaire fragen:

Die Katze

I

In meinem Hirn geht, als wär es ihre Wohnung,
eine schöne Katze spazieren, kraftvoll, sanft und
reizend. Wenn sie miaut, hört man es kaum,

So zärtlich und verstohlen ist der Klang; ob aber
ihre Stimme sich sänftigt oder grollt, stets tönt sie
reich und tief. Das ist ihr Zauber und ihr Geheimnis.

Diese Stimme, die in meine finsterste Tiefe perlt
und träuft, erfüllt mich wie wohllautende Verse
und erheitert mich wie ein Heiltrank.

Sie schläfert die ärgsten Leiden ein und enthält alle
Wonnen; um die längsten Sätze zu sagen, bedarf
sie keiner Worte.

Nein, es gibt keinen Bogen, der über das vollkommene Instrument meines Herzens streicht und
königlicher seine bebende Saite singen machte,

Als deine Stimme, geheimnisvolle Katze, seraphische Katze, seltsame Katze, in der, gleichwie in einem Engel, alles von Zartheit wie von Harmonie durchwirkt ist!

II
Aus ihrem blond und braunen Fell steigt ein so süßer Duft, dass eines Abends ich ganz davon durchhaucht war, als ich einmal, ein einziges Mal nur, sie gestreichelt hatte.

Sie ist der Hausgeist hier; sie richtet, herrscht, begeistet alle Dinge in ihrem Reich; vielleicht ist sie eine Fee, ist sie ein Gott.

Wenn meine Augen, die diese geliebte Katze magnetisch auf sich lenkt, gehorsam sich wenden und ich dann nach innen blicke,

So seh ich mit Erstaunen das Feuer ihrer bleichen Augensterne – Leuchtzeichen, lebende Opale –, die mich anschaun unverwandt.

Katzen erreichen mühelos,
    was uns Menschen versagt bleibt:
durchs Leben zu gehen,
    ohne Lärm zu machen.

Ernest Hemingway

Textnachweis

Baudelaire, Charles: Die Katze, aus: Die Blumen des Bösen. Deutsch von Friedhelm Kemp. Fischer Taschenbuch Verlag, Frankfurt am Main 1962; **Čapek, Karel:** Hund und Katze/ Noch einmal die Katze, aus: Meine Hunde, meine Katzen. Bearbeitet und übersetzt von Walter Matos © Abdruck mit freundlicher Genehmigung des Thomas Sessler Verlages GmbH Wien; **Goll, Claire:** Mandalay © Fondation Goll; **Haushofer, Marlen:** Die Ankunft, aus: Die Wand. Roman © 1998 Ullstein Buchverlage GmbH, Berlin; **Ingrisch, Lotte:** Sankt Kringel und seine Tiere, aus: Eine Reise ins Zwielichtland. Im Waldviertel und anderswo © Amalthea Verlag, Wien 2007; **Kishon, Ephraim:** Die Katze als Wille und Vorstellung. Deutsch von Friedrich Torberg © 1983 by Langen*Müller* in der F. A. Herbig Verlagsbuchhandlung GmbH, München; **Krainer, Lore:** Als meine Katze starb © Lore Krainer; **Rütting, Barbara:** Auch ein Kater hat seine Probleme, aus: Ach du grüner Kater © emu-Verlag, Lahnstein 2005; **Salten, Felix:** Katze/Mieze aus dem See, aus: Gute Gesellschaft. Erlebnisse mit Tieren © Abdruck mit freundlicher Genehmigung des Thomas Sessler Verlages GmbH Wien; **Weigel, Hans:** Hund und Katze, aus: Hund und Katze © Elfriede Ott; **Weigel, Hans:** Vom Kennenlernen der Katzen © Elfriede Ott; **Wiener, Hugo:** Beim Tierpsychiater, aus: Seid nett zu den Vampiren © Amalthea Verlag, Wien 1976.

Der Verlag hat alle Rechte abgeklärt. Konnten in einzelnen Fällen die Rechteinhaber der abgedruckten Texte nicht ausfindig gemacht werden, bitten wir Sie, dem Verlag bestehende Ansprüche zu melden.

Ein ganz individuelles Erinnerungsbuch

»Thema dieses Buches ist mein persönliches Lachen«, schreibt Elfriede Ott. Nach sechs Jahrzehnten in der Welt des Theaters hat die beliebte Schauspielerin eine Fülle an lustigen Begegnungen, selbst erlebten und erzählten Anekdoten gesammelt. Neben pointenreichen Texten und Sketches, u. a. von Fritz Grünbaum, Armin Berg, Ernst Waldbrunn und Hans Weigel, schildert sie ihre ganz persönlichen, oft humoristischen Erlebnisse mit Oskar Werner, Helene Thimig, Peter Alexander, Alma Seidler, Paula Wessely, Michael Heltau, Johann Nestroy, Alexander Girardi, Karl Farkas, Hugo Wiener und Cissy Kraner, Alfred Böhm, Fritz Muliar u. v. a. Zahlreiche Witze, Aussprüche, Zitate und Anekdoten ergeben ein buntgemischtes Lesevergnügen.

Erleben Sie Theater-, Kabarett- und Fernsehgeschichte vor, auf und hinter den Kulissen!

....

Elfriede Ott

Worüber ich lache

Erlebte und gesammelte Anekdoten

232 Seiten, mit zahlreichen Abbildungen
ISBN 978-3-85002-826-4

Amalthea www.amalthea.at

Theater-, Opern-, Musik- und Lebensgeschichte

Köstliche Anekdoten, eigenwillige Beobachtungen und besondere Begegnungen mit berühmten Kollegen und Freunden aus Theater, Oper und der Welt der Musik wie Eberhard Waechter, Anja Silja, Anna Netrebko, James Levine, Wieland Wagner, Fritz Muliar, Marcel Prawy, Friedrich Torberg, Hans Weigel u.v.a. Otto Schenk, eine Legende der Schauspielkunst und der Regie, präsentiert eine neue Perlenreihe pointierter Geschichten.

Mit weit über 100, zum Teil erstmals veröffentlichten Abbildungen und urkomischen Fotoinszenierungen, festgehalten von Fritz von der Schulenburg.

....

Otto Schenk

»Warum mir so fad ist ...«

224 Seiten, mit zahlreichen Abbildungen
ISBN 978-3-85002-796-0

Amalthea   www.amalthea.at